GUIA IRREVERENTE
DA ESPIRITUALIDADE

Tami Coyne
Karen Weissman

GUIA IRREVERENTE DA ESPIRITUALIDADE

Questione suas antigas crenças e jogue fora
as idéias que limitam sua felicidade

Tradução
CLAUDIO BLANCK

EDITORA PENSAMENTO
São Paulo

Título original: *The Spiritual Chicks Question Everything.*

Copyright © 2002 Tami Coyne e Karen Weissman.

Publicado originalmente por Red Wheel/Weiser.

Todos os direitos reservados. Nenhuma parte deste livro pode ser reproduzida ou usada de qualquer forma ou por qualquer meio, eletrônico ou mecânico, inclusive fotocópias, gravações ou sistema de armazenamento em banco de dados, sem permissão por escrito, exceto nos casos de trechos curtos citados em resenhas críticas ou artigos de revistas.

A Editora Pensamento-Cultrix Ltda. não se responsabiliza por eventuais mudanças ocorridas nos endereços convencionais ou eletrônicos citados neste livro.

Dados Internacionais de Catalogação na Publicação (CIP)
(Câmara Brasileira do Livro, SP, Brasil)

Coyne, Tami
    Guia irreverente da espiritualidade : questione suas antigas crenças e jogue fora as idéias que limitam sua felicidade / Tami Coyne, Karen Weissman ; tradução Claudio Blanck. -- São Paulo : Pensamento, 2005.

    Título original: The spiritual chicks question everything.
    ISBN 85-315-1420-7

    1. Conduta de vida 2. Felicidade 3. Mulheres - Vida religiosa 4. Vida espiritual I. Weissman, Karen. II. Título.

05-8138   CDD-291.448

Índices para catálogo sistemático:
1. Mulheres : Vida espiritual : Guias : Religião comparada   291.448

O primeiro número à esquerda indica a edição, ou reedição, desta obra. A primeira dezena à direita indica o ano em que esta edição, ou reedição, foi publicada.

Edição	Ano
1-2-3-4-5-6-7-8-9-10-11	05-06-07-08-09-10-11

Direitos de tradução para o Brasil
adquiridos com exclusividade pela
EDITORA PENSAMENTO-CULTRIX LTDA.
Rua Dr. Mário Vicente, 368 — 04270-000 — São Paulo, SP
Fone: 6166-9000 — Fax: 6166-9008
E-mail: pensamento@cultrix.com.br
http://www.pensamento-cultrix.com.br
que se reserva a propriedade literária desta tradução.

Impresso em nossas oficinas gráficas.

Para Giuseppe e Alex

Sumário

Prefácio 11
Agradecimentos 15
Introdução 17

Parte 1: Despedaçando os Mitos............................ 21

1. Eu preciso mesmo ir à igreja (à sinagoga, à mesquita ou para o alto de uma montanha)?................. 23
2. Eu sinto dificuldade para meditar. Posso, mesmo assim, ser uma pessoa espiritualizada?................. 24
3. Deus me amará mesmo se eu for gordo demais? 28
4. Eu sou inteligente o bastante para me iluminar?......... 30
5. Eu tenho de desistir dos meus brinquedinhos para ser uma pessoa espiritualizada? 34
6. Eu tenho tantas coisas para fazer; como posso arranjar tempo para ser uma pessoa espiritualizada?................. 36
7. Eu preciso de um guru?................................... 38
8. Será que estou condenado por causa de um karma ruim?.. 41
9. Eu sou uma pessoa boa, então por que tenho tantos problemas para conseguir o que quero? 43
10. Eu devo fazer uma dieta kosher/tomar vitaminas/comer peixe às sextas-feiras? 46
11. Eu preciso da aprovação de Deus? 50

12. Vocês não entendem — eu tenho problemas REAIS? .. 52
13. Eu preciso sofrer? 54
14. Se eu tenho livre-arbítrio, como é que continuo
    cometendo os mesmos erros? 59
15. Eu tenho de passar por isso sozinho? 61

Parte 2: Manobras Práticas Baixas e Sujas 65

16. Como você agiria se fosse feliz? 67
17. O pensamento "positivo" realmente funciona? 69
18. O que isso tem a ver com amor? 73
19. Por que não entrar em contato com seu vegetal
    interior? 77
20. O que significa ser verdadeiro? 80
21. Por que algumas pessoas são tão difíceis? 82
22. Você está prestando atenção na sua intuição? 86
23. De onde você tirou essa idéia? 88
24. Em torno de que você organiza sua vida? 91
25. Por que você acha que precisa fazer alguma coisa? ... 93
26. Você é um corpo, uma mente ou uma alma? 96
27. Como é possível ser espiritualizado se vivemos
    num mundo tão hostil? 101
28. O que significa ser espiritualizado quando todos ao
    meu redor agem como idiotas? 107
29. Onde está minha alma gêmea? 109
30. Quer aprender a arte do pensamento triangular? 115

Parte 3: Uma Visão da Realidade que é um Verdadeiro Chute no Traseiro 117

31. Quem está na outra ponta do seu cordão umbilical?.... 119
32. Se o tempo é um conceito relativo, por que o deixamos ditar a nossa vida de maneira tão absoluta? 121
33. Um pouco de narcisismo pode fazer bem à alma? 124
34. Você é minha mãe? 126
35. Existe sexo depois da morte? 128
36. Por que a mulher não pode ser mais como um homem? 134
37. Quer viver no inferno? Se você vivesse lá, estaria em casa agora. 136
38. Quem precisa de ligação espiritual quando se tem a Internet? 139
39. A vida é uma prisão de segurança máxima? 141
40. Há um messias nesta casa? 145
41. O que é um pecadozinho entre amigos? 147
42. O que há por trás de um nome? 152
43. Você é hipócrita? 154
44. A eletricidade prova a existência de Deus? 157
45. Você está morto para o mundo? 160

Parte 4: O Pináculo e de Volta Novamente 163

46. Que tal abrir mão, só um pouquinho? 165
47. Quer um motivo para se rebelar? 167
48. Qual é o seu segredo? 171
49. Você consegue baixar a guarda? 173

50. Então você ainda não acredita que vivemos num mundo perfeito? 178
51. Você está pronto para criar o universo? 180
52. Você consegue se meter apenas no que é da sua conta? 183
53. O que é compaixão? 185
54. Você anda se questionando? 189
55. Você consegue ver através da ilusão? 191
56. Você consegue esquecer a palavra "quero"? 195
57. Onde você vai colocar o seu poder? 197
58. Então, agora você se acha muito especial, hein? 201
59. Quem você pensa que é? 203
60. Você consegue trilhar o caminho da ação correta? 206

Prefácio

Quem são as autoras e por que escreveram este livro?

Tudo começou em 1994, no segundo andar de um prédio com fachada de arenito no Brooklyn, onde, todas as terças à noite, sem falta, um grupo de nova-iorquinos calejados se reunia para discutir como aplicar princípios espirituais na vida cotidiana. Numa noite fatídica, Tami estava comendo um marshmallow coberto de chocolate quando Karen, que tinha se mudado pouco tempo antes para Nova York, entrou na sala e exclamou:

"Ei, nunca comíamos chocolate nas nossas reuniões de metafísica em Boston!"

Tami lhe deu um marshmallow, e as duas souberam, naquele momento, que espiritualidade e açúcar as uniriam para sempre.

Acontece que morávamos a apenas um quarteirão e meio de distância uma da outra, o que levou a muitas conversas na calçada sobre a natureza da realidade e sobre qual a melhor lavagem a seco da vizinhança. Com o tempo, percebemos que, embora tivéssemos muito em comum e compartilhássemos uma filosofia semelhante, encarávamos a vida a partir de lados opostos do cérebro.

Tami é motivada pela paixão. Ela cumpriu seus deveres no mundo "real", trabalhando com sucesso na área de gerenciamento, marketing e recrutamento, mas, na verdade, é o seu amor pela música, pelas línguas e pela espiritualidade que molda sua vida. Desde a infância, cantar tem sido a sua ligação pessoal mais constante com a misteriosa energia que ela chama de Espírito, e a auto-expressão criativa tem sido a sua maior alegria. Sua busca pelo autoconhecimento a ajudou a compreender os problemas que as pessoas enfrentam quando tentam viver uma vida autêntica e criativa e a levou ao seu atual trabalho de aconselhamento espiritual.

Karen, por outro lado, é analítica. Ela tem um diploma em engenharia civil e, quando nos conhecemos, ela trabalhava como cientista pesquisadora o que, acredite ou não, levou-a à metafísica. Quanto mais estudava os fenômenos da física, mais ela se convencia de que a mesma "energia" põe tudo em movimento. Sua compreensão dessa "energia" mudou sua vida e a inspirou a ensinar a Terapia dos Conceitos, o curso de cunho metafísico no qual ela e Tami se conheceram.

Nós duas gostamos de escrever. Quando começamos a escrever este livro, Tami já tinha publicado seu primeiro livro, *Your Life's Work: A Guide to Creating a Spiritual and Successful Work Life*, e Karen achou que seria muito bom quebrar o estereotipo de que os engenheiros não sabem escrever. Desafiando o mito de que pessoas que usam o lado direito do cérebro não podem se unir às pessoas que usam o lado esquerdo do cérebro, tornamo-nos parceiras.

Escrevemos este livro para demonstrar que a vida de cada pessoa é um veículo único, construído com perfeição para expressar sua natureza espiritual. A vida real não acaba quando estamos no caminho espiritual — ela *é* o caminho espiritual. A vida nem sempre é fácil, mas, quando a vemos como parte de um quadro maior, ela se torna bem mais interessante e muito mais gratificante. Isso certamente provou ser verdade para nós. Esperamos que este livro esclareça tantas questões para você quanto esclareceu para nós.

Karen Weissman e *Tami Coyne*

Agradecimentos

As autoras gostariam de agradecer às seguintes pessoas e organizações pela contribuição que fizeram a este livro: Arlene Weissman, pelo seu belo desenho; nosso editor e nossa editora, Robyn Heisey e Red Wheel/Weiser, Inc.; nossas agentes e amigas, Lisa Hagan e Sandra Martin da Paraview, Inc.; o Concept-Therapy Institute (www.concept-therapy.org); Robert Rabbin (www.robrabbin.com), Byron Katie (www.thework.com) e Carol L. Skolnick (www.eclecticspirituality.com) por nos permitirem citá-los; e A.N. pela sua generosidade.

Introdução

Apesar do mito recorrente de que a iluminação pode, de alguma maneira, nos ser instantaneamente concedida ao nos sentarmos aos pés de um mestre, normalmente é a vida real quem nos desperta para quem somos, para como as coisas realmente funcionam e para aquilo que estamos aqui para realizar. Então, vamos ao que interessa. Qual é o seu chamado de despertar na vida real? O trabalho? Os relacionamentos? Uma busca obstinada pela verdade, ou pela paz interior, ou por um carro novo? Acredite ou não, os altos e baixos da vida cotidiana são feitos sob medida para nos chutar diretamente para a consciência cósmica, de modo que não seja necessário vender a fazenda da família e se mudar para o Himalaia. Na nossa própria vida — e dentro de cada um de nós — está tudo de que precisamos para nos tornar seres iluminados, o que pode realmente ser um choque, uma vez que somos ensinados a confiar na experiência dos outros, em vez de pensarmos por nós mesmos.

Este livro ensina como usar a nossa vida cotidiana para obter compreensão espiritual e para revelar o nosso próprio poder de criar a vida que queremos viver. Não importam os papéis que representamos ao longo dos anos, o quanto lutamos ou quanta sabedoria já conseguimos até este ponto. Parece intrigante? Talvez até mesmo engraçado? Pode apostar que é! E é muito mais produtivo do que reclamar dos problemas ou culpar os pais, o chefe, a conta bancária ou os terroristas internacionais pela nossa insatisfação. Pode ser difícil aceitar a princípio, mas são as nossas próprias crenças que determinam aquilo que conseguimos da vida. Se não gostamos do que temos ou de onde estamos, então cabe a nós questionar o que acreditamos e jogar fora todas as idéias limitantes que fazem com que não sejamos felizes. É preciso coragem para quebrar as correntes da opinião convencional e nos livrarmos das crenças que acalentamos. Isso não acontece da noite para o dia. Mas o esforço vale à pena... e é uma tremenda aventura.

Antes de prosseguir, vamos esclarecer alguns termos. Primeiro, o que nós, as autoras, entendemos por "espiritualidade"? Para nós, *espiritualidade* é o processo de investigar a nossa ligação com o universo — ou, mais precisamente, com o poder indefinível que mantém todo o universo coeso e faz o nosso cabelo crescer, tudo ao mesmo tempo. Tudo bem, mas o que é esse *poder* de que estamos falando? A ciência o chama de *energia* ou *consciência*; a teologia o chama de *Deus* ou *Espírito*. A interpretação desse poder varia (os cientistas medem e quantificam seus efeitos, enquanto os criacionistas lhe atribuem partes do corpo, semelhantes às dos seres humanos, e traços de personalidade), mas existem três características gerais que são mais ou menos constantes: esse poder está em todos os lugares, sabe tudo e pode fazer qualquer coisa. Bem, é um poder de arrasar! Neste livro, usamos termos como Deus, energia, Espírito e consciência juntamente com *Natureza* e *Vida Única* de forma intercalada. Mas se trata da mesma coisa onipresente.

Sendo assim, se a energia ou Deus está em todo lugar, então *onde* estamos nós? Isso nos leva à definição do termo — o *Princípio da Vida Única* — que é a pedra fundamental deste livro. Essa antiga idéia diz que existe um único poder que permeia todo o universo, mas cuja expressão assume muitas formas diferentes — jogadores de futebol, cachorrinhos, dançarinas eróticas, juízes da Corte Suprema, rochas, árvores e até mesmo criminosos. E, se você ainda não está pronto para embarcar no bonde da Vida Única, você deve ao menos admitir que esse princípio explica muito sobre a vida — no mínimo como o líder evangélico Jerry Falwell; Larry Flint, o diretor de uma revista pornográfica barra-pesada; e Madre Teresa podem ser todos "filhos de Deus". Somos todos seres espirituais, porque somos todos o Espírito. Aí está. Deus, ou energia, é tudo o que existe. Não é esclarecedor perceber que sempre fomos aquilo que estamos querendo nos tornar... ou seja, espirituais?

Pense nisso. Se já somos seres espirituais, então tudo o que fazemos é espiritual, seja rezar no templo mais elevado ou levar o lixo para fora. E, uma vez que a Vida Única se expressa por meio de várias formas, cada um de nós tem a sua própria maneira de explorar a sua ligação espiritual. Uma troca de socos pode ser tão necessária para a iluminação de uma pessoa quanto a educação universitária é para a de outra. Não há, portanto, necessidade de atribuirmos nomes espirituais às coisas, rotulando-as de "boas" ou "más". A única coisa que precisamos considerar é: essa crença, ação, idéia ou conversa vai nos trazer aquilo que dizemos que queremos? O processo espiritual tem a ver com questionar tudo — examinando todas as idéias ou conceitos que temos para nos certificar de que eles têm lógica para nós e de que funcionam. Mas o truque é não condenar tudo durante esse processo. Tudo é espiritual — até mesmo as coisas das quais não gostamos ou com as quais não concordamos. Então, precisamos questionar tudo, não condenar nada e entrar em sintonia com aquilo que queremos. Se pudermos dar esses três passos, descobriremos que nosso poder pessoal é o poder do universo e que a vida pode ser boa demais.

Este livro oferece uma série de perguntas que ajudam a quebrar crenças antigas e limitantes, a construir idéias novas e mais produtivas baseadas no Princípio da Vida Única e a brincar com essas novas idéias de forma que realmente aprendamos a usá-las. Ao longo do livro, incluímos ensaios pessoais para mostrar como nós descobrimos, combatemos e aos poucos dominamos essa nova sensação de poder na nossa vida. Assim, sem mais cerimônia, aqui estão sessenta perguntas que irão abalar o seu mundo.

Parte 1

Despedaçando os Mitos

Existem muitos mitos sobre como ser espiritualizado, e muitos de nós acreditamos ao menos em alguns deles — mesmo que não estejamos conscientes disso. Esses mitos resultam em crenças desorientadas sobre como devemos ser e como devemos nos comportar. Eles nos impedem de nos ligarmos à nossa natureza espiritual — à própria fonte do nosso poder de criar a vida que queremos viver. Para ver as coisas de uma nova perspectiva, temos de nos dispor a suspender, ao menos temporariamente, nossas velhas crenças. Estas quinze primeiras perguntas e respostas revelam os mitos espirituais mais comuns e oferecem um ponto de vista alternativo.

> *A primeira chave para a sabedoria é um questionamento constante e freqüente, pois ao duvidar somos levados a questionar e questionando chegamos à verdade.*
>
> Pedro Abelardo

Pergunta 1
Eu preciso mesmo ir à igreja (à sinagoga, à mesquita ou para o alto de uma montanha)?

No nosso escritório, temos um brinquedo de borracha, daqueles de apertar, na forma de um buda trabalhando num laptop. O buda sorri complacentemente da sua familiar posição ereta, porém relaxada, que possibilita o fluxo apropriado do *chi* através do corpo. Ele parece estar navegando na Internet ou verificando o mercado de ações. Alguns poderiam achar que esse é um exemplo do mundo moderno "corrompendo" a nossa existência espiritual, mas nós achamos que se trata justamente do inverso. A espiritualidade não é algo que se busque apenas na igreja, na sinagoga ou praticando meditação, embora esses sejam instrumentos úteis. Trabalhar no computador, cortar grama ou fazer amor também são atividades espirituais perfeitamente válidas. A espiritualidade não está além da vida real; ela *é* a vida real. O buda com o laptop nos lembra disso, e é por essa razão que nós o deixamos no escritório.

> *Porque eu estava só (...) até mesmo as coisas comuns pareciam carregadas de significado. O gelo parecia mais frio e misterioso; o céu, uma mancha azulada ainda mais límpida. Os picos sem nome que se erguiam sobre a geleira estavam maiores e infinitamente mais ameaçadores do que pareceriam se eu estivesse em companhia de outra pessoa ...*
>
> Jon Krakauer, *Into The Wild*

Pergunta 2
Eu sinto dificuldade para meditar. Posso, mesmo assim, ser uma pessoa espiritualizada?

A meditação é, normalmente, malcompreendida. Muita gente acha que tem de se sentar na posição de lótus durante horas, todos os dias, para conseguir alguma coisa. Não é assim. A meditação não é uma técnica — é simplesmente o estado em que se está completamente vivo em todos os momentos. Na maior parte do tempo, funcionamos com o piloto automático ligado. Vivemos a vida sem prestar atenção no que estamos fazendo, como se fôssemos sonâmbulos. Confundimos a conversa vazia dentro da nossa cabeça com raciocínio objetivo e raramente, quando muito, percebemos a realidade que existe fora da mesmice dos nossos próprios pensamentos. Você já notou, por exemplo, que, quando alguma coisa inesperada acontece, mesmo que seja assustadora, você se sente mais vivo e parece agir com presença de espírito, naquele momento? Isso acontece porque, nessas horas, você pára temporariamente de *pensar* sobre a vida e, em vez disso, passa a vivê-la de fato. A chave para atingir esse estado é não ficar alheio à vida cotidiana e encarar as circunstâncias com um mínimo de interpretação emocional, que tome por base memórias passadas ou preocupações futuras. Cada vez que reconhecemos um pensamento e deixamos que ele se vá sem querer analisá-lo, estamos treinando para nos deixar levar pelo instinto e pela percepção. Essas faculdades nos colocam em contato com o poder universal que existe dentro de nós. É disso que se trata a meditação.

UMA PÁGINA DA VIDA

Existe Mais de uma Maneira de Sentir o seu Poder Pessoal

Eu me sento e tento acalmar a minha mente, mas não consigo parar de pensar nas coisas que eu deveria estar fazendo, que eu preciso entender ou que me interessam. Fui ensinada a pensar, a analisar, e toda essa responsabilidade analítica faz com eu acredite que as coisas só vão funcionar se eu entender completamente a situação de antemão. O controle é importante para mim — tenho dificuldade para meditar porque meditação tem a ver com soltar.

Esse traço pessoal costumava me perturbar. Como eu poderia ser espiritual, se não conseguia parar de pensar por tempo suficiente para me ligar com o meu "eu verdadeiro?" Eu tentava praticar meditação olhando para um pedaço de papel em branco e usando um cronômetro para saber quanto tempo eu conseguia ficar sem pensar. Isso pode parecer uma atitude muito certinha, mas asseguro a você que não fui eu que apareci com essa idéia. De qualquer maneira, não funcionou. Pensamentos sobre o papel branco nunca saíam da minha cabeça, e eu não conseguia parar de pensar sobre quanto tempo já tinha passado. Clarear a mente era tão difícil que acabei reconsiderando minha abordagem. Como sou uma pensadora por natureza, decidi que talvez fosse melhor não tentar suprimir todos os pensamentos. Em vez disso, eu pensava sobre uma única coisa — algo neutro, como uma árvore. Quando a minha mente divagava, eu não apertava o cronômetro, apenas voltava a focar a árvore. Eu desenhava o tronco e as raízes na minha mente. Imaginava as folhas nos galhos, a altura, a circunferência do tronco, a textura da casca. Eu a imaginava extraindo alimento do solo e absorvendo os nutrientes. Antes que eu soubesse, eu estava completamente absorvida por todos os aspectos desse enorme bordo.

Mas isso era mais do que uma distração mental. Eu realmente me "fundia" com a árvore, por falta de uma palavra melhor. Pode soar como um chavão — tornar-se um com a "natureza", mas era realmente muito legal e não, estranho e irreal. De fato, não era muito diferente do sentimento que eu tenho quando estou totalmente envolvida num projeto ou quando estou me divertindo. Eu pensava, então, que um acontecimento verdadeiramente "espiritual" tinha de ser uma coisa muito mais misteriosa do que isso.

Depois dessa experiência, eu percebi que não tinha de ficar pensando em nada para saber que sou parte de algo, que eu *sou* algo. Sou uma pensadora — uma pessoa que faz — e quem é que vai dizer que isso não é um modo de ser espiritual? Eu sinto o meu poder ao fazer as coisas, ao me concentrar em vez de meditar, ao focar minha energia numa idéia até que eu acredite nela com força suficiente para torná-la realidade.

A grande dualidade da vida é que somos todos basicamente seres naturais idênticos, partes da mesma grande força vital. Mas é graças também a essa força vital comum que podemos ter a nossa expressão individual, à medida que ela flui através de cada um de nós de maneira única e exclusiva. Essa dualidade nos oferece a oportunidade de sentir nosso poder de duas maneiras diferentes, quando nos deixamos relaxar nessa energia, num estado meditativo, ou quando a usamos de forma criativa, num estado ativo. Meditação e concentração são os dois lados da mesma moeda. No entanto, não se dá tanta atenção à concentração. Ela é considerada um instrumento mais terreno, algo que você usa para terminar a sua lição de casa, mas não para chegar ao nirvana. Mas, quando eu foco a minha energia mental para aprender um cálculo, estou entrando em contato com o mesmo poder que outras pessoas acessam em estado meditativo. Quando eu me lembro disso, não luto para alcançar o nirvana, pois sei que já estou lá.

Karen

> *Porque eu, o SENHOR, teu Deus, sou um Deus ciumento, que castiga a iniqüidade dos pais nos filhos, até a terceira e a quarta geração dos que me odeiam; mas que concede misericórdia até a milésima geração, para os filhos daqueles que me amam e que seguem os meus mandamentos.*
>
> Êxodo 20:5-6

Pergunta 3
Deus me amará mesmo se eu for gordo demais?

Muitos de nós caímos na armadilha de pensar que Deus é algo ou alguém separado de nós e cujo trabalho é julgar nossas ações e impor duros castigos pelos nossos erros e imperfeições. Dizemos a todos que Deus está dentro de nós, que Deus está em tudo, mas no fundo abrigamos um medo secreto de que um Ser mal-intencionado — alguém como Arnold Schwarzenegger no filme *O Exterminador do Futuro* — realmente exista. Nossa mente racional nos diz que isso não pode ser verdade, mas pode ser difícil abrir mão de velhas crenças e idéias, especialmente quando nos sentimos imperfeitos, não amados e não sabemos o que fazer a respeito. Saia dessa! Nossos sentimentos de "imperfeição" e de "não ser amado" existem porque adoramos falsos deuses como a revista *Vogue* e o *The Wall Street Journal*. Não há saída. O único jeito de sentir o amor de Deus é amando a si mesmo. Esqueça a maneira como devemos parecer e quanto dinheiro devemos ganhar! Quando aceitamos nossa perfeição única, recuperamos o controle sobre a nossa vida. Deus é o poder da vida em ação — mais parecido com Schwarzenegger em *O Exterminador do Futuro 2* —, destinado a nos dar o que queremos, sem julgamento. *Hasta la vista, baby.*

Se o mundo fosse perfeito, ele não seria perfeito.
Yogi Berra

Pergunta 4
Eu sou inteligente o bastante para me iluminar?

A vida pode parecer tão complicada! Às vezes nos perguntamos se algum dia a entenderemos. Mas, quando se trata da busca da iluminação, a inteligência é supervalorizada. Em primeiro lugar, é a nossa mente que torna as coisas tão complicadas. Somos seres espirituais, clara e simplesmente, e operamos com poder espiritual, mesmo que não percebamos. Podemos fazer teorias sobre como o universo funciona, mergulhar na psicologia do cérebro humano ou dissecar e estudar o corpo humano, mas não podemos confundir essas metas intelectuais com a busca espiritual. Existe um antigo provérbio budista segundo o qual "quando o aprendiz está pronto, o mestre aparece". Em outras palavras, como existe apenas uma Vida Única, nós implicitamente temos acesso a todo o conhecimento que existe. Portanto, tudo o que precisamos fazer é estar prontos para recebê-lo. O que caracteriza um aprendiz com vontade não é o fato de ele mal ter acabado o ensino médio ou de ele ser doutorado pela Oxford, mas se tem uma vontade sincera de saber quem ele é com relação ao mundo ao seu redor. Sejam quais forem as nossas capacidades, são exatamente elas de que precisamos para investigar a nossa natureza mais elevada. E tenha a certeza de que uma tentativa séria de fazer isso atrairá pessoas que ajudarão você ao longo do caminho, seja na forma de amigos, mentores, agentes de cura, ou até mesmo na forma de garçonetes impertinentes ou de antipáticos políticos, que complementarão nossas capacidades, preencherão lacunas e nos ensinarão aquilo que precisamos saber.

UMA PÁGINA DA VIDA
Dotada e Talentosa

Quando a minha cunhada Jo Ann nasceu, seu cordão umbilical estava enrolado ao redor do pescoço, e a falta de oxigênio danificou seu cérebro e prejudicou seu desenvolvimento. Mas de muitas maneiras, ela é como todos nós. Jo Ann é uma linda mulher que adora roupas e jóias; tem senso de humor e adora comédias. Tem um emprego do qual às vezes gosta e às vezes odeia. De outras maneiras, porém, ela é diferente. Jo Ann fala inglês e italiano, mas não consegue ler ou escrever. Ela nunca vai morar sozinha e, provavelmente, não se casará nem terá filhos. Mas é dotada e talentosa. Não, ela não consegue tocar Chopin no piano, nem dar respostas a problemas complexos de matemática. Seu dom é a capacidade de amar incondicionalmente. Seu talento é demonstrar isso.

Não quero falar disso de uma forma que soe como um chavão, como os filmes que costumam passar na TV aos sábados à noite. Jo Ann é uma pessoa real e pode deixar você maluco. Como sua coordenação não é das melhores, contundi-me inteira ao tentar ensinar a ela o *Electric Slide* na pista de dança, durante uma festa da família. Jo Ann adora tirar fotos, mas sua percepção visual falha e a impede de centralizar o objeto da fotografia. Ela é barulhenta, tem mau gênio, não lida com maus-tratos facilmente, usa linguagem chula, com a qual expurga suas emoções, caso alguém ao seu redor ainda não tenha entendido o que ela pensa. Pensando nessas coisas, ela é muito parecida comigo.

Jo Ann me aceitou na família de imediato e se tornou minha amiga — ninguém perguntou nada. Ela nunca duvida dos seus instintos, simplesmente porque não pode. Se Jo Ann gosta de você, ela gosta de você e ponto final. Ela não perde tempo analisando problemas ou pessoas. Age totalmente de acordo com o que sente. Uma vez, cometi o erro de reclamar do meu marido na presença dela. Ela olhou para mim e disse:

"Ele é meu irmão."

Fiquei me sentindo humilhada e me calei imediatamente. Os relacionamentos são tudo para ela. Quando conheceu meu pai, ela lhe mostrou fotos do pai dela e contou histórias sobre ele. Ela não pediu permissão para mostrar os álbuns de fotos. Ela não é uma pessoa que busca agradar aos outros. Faz o que sente vontade de fazer. Nem passaria pela cabeça dela ser diferente.

Jo Ann não tem um conceito de tempo, nem meu marido. Deve ser o sangue italiano. Mas além da natureza latina, o tempo não faz sentido para Jo Ann porque ela não pensa de uma maneira linear. Para Jo Ann, ontem é a mesma coisa que hoje e a semana passada pode muito bem ser amanhã. Mesmo assim, ela se lembra de todas as vezes que o marido da sua prima, Nicola, ajudou-a a nadar numa praia italiana e ainda fala da vez em que meu marido foi visitá-la no trabalho, há muitos anos, e lhe deu uma bela gorjeta. Duvido que Jo Ann saiba a idade da minha filha Sophia, mas ela se lembra do batizado como se fosse ontem, pois ela é madrinha de Sophia.

No nosso mundo sobrecarregado de metas, orientado pela perfeição, Jo Ann é tida como um fardo, um acidente, um erro da natureza. Mas como poderia ser? Apenas um ser altamente desenvolvido escolheria viver as experiências dessa dimensão sem a barreira e a muralha da mente. Apenas um *bodhisattva* poderia encarnar como puro amor. Eu vi Deus. Ele é uma linda italianinha com um quadro de acidente cerebral e que mora no Brooklyn.

Tami

> *Quando participamos de algo a serviço dos outros, recebemos uma recompensa maior, tanto financeira quanto espiritual. Isso é porque generosidade e amor, e não ganância e egoísmo, são o cumprimento da Lei em todos os planos da vida — físico, mental e espiritual.*
>
> Dr. Thurman Fleet, *Rays of the Dawn*

Pergunta 5
Eu tenho de desistir dos meus brinquedinhos para ser uma pessoa espiritualizada?

Vamos deixar isso claro, espiritualidade não significa privação; quer dizer, de fato, infinita abundância. Então, aqueles de nós que não querem arriscar seu sucesso em nome do crescimento espiritual podem respirar aliviados. Bem, agora considere o seguinte: se algo fosse abundante, nós guardaríamos isso como se fosse um tesouro? Nós estocaríamos essa coisa e a protegeríamos com nossa própria vida, como se nunca fossemos vê-la de novo? Se nós realmente acreditássemos que algo é abundante, não temeríamos perdê-lo; nós o dividiríamos com nossos amigos e alegremente receberíamos mais de outros sem nos sentirmos culpados.

Quando abordamos a vida com a atitude "o que posso ganhar com isso", atraímos pessoas e situações de exploração para nós. Podemos acumular um monte de brinquedos, mas nunca teremos paz de espírito e sempre teremos medo de que os brinquedos nos sejam tomados. A espiritualidade não é um prêmio de consolação por ter uma vida destituída de ganho material. É uma maneira de pensar que nos permite participar ativamente da vida e perceber que temos acesso a tudo de que precisamos. Seja gentil, seja generoso. Podemos conseguir o que queremos até mesmo antes de pedir.

UMA PÁGINA DA VIDA

Memorando

De: Tami e Karen
Para: Papai Noel
Ref.: Lista de pedidos de Natal revisada.

Favor observar as seguintes alterações na nossa lista original. Pedimos desculpas por qualquer inconveniente que possamos ter causado.

1. ~~Guarda-roupas combinando da Dolce & Gabbana para apresentações na TV e em shoppings~~ — Qualquer coisa não fabricada numa oficina de trabalho semi-escravo do terceiro mundo.
2. ~~Máquina de café expresso para o escritório~~ — Estabilidade na América Central.
3. ~~Relógios cravejados de diamantes~~ — Superar a obsessão pelo tempo.
4. ~~Salas comerciais em Paris~~ — Casas para os sem-teto.
5. ~~Jato particular~~ — Oportunidades para conhecer outras culturas.
6. ~~Uma mesa cativa no restaurante Nobu~~ — Paz no mundo.
7. ~~Personal Trainer~~ — Não queremos malhar tanto assim.
8. Mercedes com motorista para a cidade e Maserati sem motorista para as estradas (temos de nos locomover de algum jeito, não temos?).

*Se você quer uma tarefa cumprida,
peça a uma pessoa ocupada.*

Ditado popular

Pergunta 6
Eu tenho tantas coisas para fazer; como posso arranjar tempo para ser uma pessoa espiritualizada?

O que nos faz pensar que precisamos arranjar tempo para "sermos espiritualizados?" Deus, ou energia, está em todo lugar, portanto nada do que fazemos está fora do reino desse poder universal. Se elétrons, células e neurônios se juntassem de uma maneira que nos permitisse pensar de forma determinada, ou executar um certo ato, então esse pensamento ou ação não seria implicitamente ordenado pela Natureza? Não temos de mudar o que estamos fazendo para sermos espiritualizados; temos apenas de observar como nossas ações afetam a nós e aqueles ao nosso redor. Não estamos falando de analisar minuciosamente cada passo. Mas, se um trabalho faz você se sentir bem, feliz ou produtivo, então aproveite e, se um pensamento ou obrigação faz com que você se sinta assustado, enciumado ou irritado, então não vale à pena maximizar seu tempo tentando fazer alguma coisa diferente naquele momento para ver o que acontece?

Espiritualidade é a consciência de que estamos ligados à Vida com "V" maiúsculo. Esse estado de espírito não depende de uma atividade em particular que estejamos realizando. Então, em vez de negar nosso lado espiritual até termos tempo para explorá-lo, experimente fazer o que está fazendo com a atitude de que você já é um ser espiritual e veja como sua vida será influenciada por isso. Se já somos espiritualizados, então não precisamos nos punir por não nos esforçarmos ainda mais, ou exagerar a coisa "errada", mas, ao mesmo tempo, se estamos ligados a toda Vida, então há um bom motivo para fazermos da melhor forma possível tudo o que tivermos de fazer. Se você tem tempo para se sentar em silêncio e contemplar idéias espirituais, então faça isso. Mas a vida de todo mundo é uma jornada espiritual — não podemos ser menos espirituais simplesmente por viver.

> *Por que você olha para mim? Olhe para você mesmo. Por que você me ouve? Ouça a si mesmo. Por que você acredita no que digo? Não acredite em mim nem em qualquer outro mestre; em vez disso, acredite na sua própria voz interior. Ela é a sua guia, a sua mestra. Seu mestre está dentro e não fora. Conheça a si mesmo, não a mim.*
>
> Peregrina da Paz

Pergunta 7
Eu preciso de um guru?

Sim e não, depende do que você entende por "guru". "Guru" significa literalmente "professor" e, sim, professores podem ser úteis na trilha espiritual. Swamis, lamas, mestres zen, xamãs, sacerdotes, sacerdotisas, rabinos, ministros e professores universitários podem nos fornecer informações interessantes. Mas, igualmente, também fazem a mesma coisa o oceano, as estrelas, as montanhas, as crianças, os animais, sua família, seus amigos e seus inimigos. Envolvidos como estamos com a realidade externa, procuramos nossos professores em algum lugar lá fora — e não precisamos fazer isso. De acordo com o Princípio da Vida Única, o universo é um espelho gigante, e tudo o que vemos é apenas o nosso próprio reflexo. Esquecemos que podemos seguir nosso próprio conselho por sermos seres espirituais em forma física. Chame como quiser — alma, espírito, eu superior — ele está lá dentro esperando para ser reconhecido e usado. É claro que pode parecer mais fácil seguir alguém que escreveu um *best-seller*, que canaliza uma entidade extraterrestre ou tem um sotaque estrangeiro e faculdades psíquicas altamente desenvolvidas. Mais cedo ou mais tarde temos de largar a falsa noção de que a sabedoria deve ser nos dada por alguém de fora e aprender a beber da fonte da nossa própria experiência. Então, e só então, estaremos em posição de ver as coisas como elas realmente são.

UMA PÁGINA DA VIDA
Para Ser Humano

Recentemente vi um episódio da série de TV *Frasier*. Nesse episódio, Frasier aparece na casa da sua amiga Roz e descobre o seu psiquiatra na cama com ela, usando um roupão cor-de-rosa que pegara emprestado. Depois disso, Frasier não consegue mais ver seu psiquiatra sem imaginá-lo com o roupão de cetim rosa que mal cobre seus fundilhos. Brincadeiras à parte, isso me fez pensar nas várias vezes em que flagrei professores ou mentores agindo de maneira contrária à minha imagem deles. Um médico com tosse comprida, um professor de ética saindo com uma aluna, um professor de yoga esmagando uma aranha com tanta raiva que parecia que ela não merecia a força vital que corria através do seu ser. Vi um monte de alunos do curso do instituto de massagem perto de casa fazendo uma pausa para fumar. Sei que julguei, mas isso tudo me incomodou. Eu achava que massagistas eram pessoas holísticas — como posso receber conselhos de saúde de alguém que não se cuida? E, no campo espiritual, isso é uma tremenda decepção. Aqueles que são conscientes do cosmos devem ser as expressões perfeitas do divino que eu não tenho disciplina para ser. No entanto, gurus vaidosos e iluminados arrogantes estão por toda parte.

Então, comecei a considerar minha própria experiência. Eu escrevo sobre espiritualidade e leciono metafísica, mas os conflitos de organizar seminários e negociar contratos não desaparecem automaticamente simplesmente porque o tema é iluminação. A perfeição humana — a minha ou a de qualquer outro — é uma contradição. Mas eu estava tentando ver a perfeição do divino através das lentes da imperfeição humana. Será que sou capaz de dizer o que é perfeição? Será que minha mente humana finita é capaz de compreender o infinito? Quem sabe se, quando morrermos, não serão os massagistas fumantes que chegarão primeiro ao paraíso. Para dizer a verdade, era minha nuvem de crítica que me impedia de ver a perfeição e a bondade que são evidentes em todos os aspectos da existência humana. E eu sei muito bem, por meio dos meus estudos, que não haveria nada para criticar, se eu não reconhecesse algumas das minhas imperfeições nas falhas dos outros. Tendo confundido o professor com o ensinamento, ergui uma barreira que me impediu de viver o aprendizado. Não nego que aprendemos pelo exemplo, e tento seguir o exemplo daqueles que parecem saber o que estão fazendo. Mas, se a mensagem for verdadeira, valiosa e valer à pena, então posso usá-la mesmo que tenha vindo do prisioneiro nº 4528 do pavilhão B. Assim, como sempre, eu percebo, às vezes com uma tremenda responsabilidade, mas também como alívio por saber disso, que minha fé nunca será afetada pelas ações dos outros.

Karen

Aquele que vive no mal também vive sendo punido pelo mal.

Emanuel Swedenborg

Pergunta 8
Será que estou condenado por causa de um karma ruim?

Há alguns meses, Virginia, de Peekskill, Nova York, nos escreveu perguntando se "existia algo como o karma? Minha mãe disse que, se eu não limpar meu quarto e não fizer minha lição de casa, voltarei como uma formiga na minha próxima vida". Nós respondemos, "sim, Virginia, o karma existe, embora um quarto desarrumado e uma lição de casa incompleta não vão provavelmente conferir a você o *status* de formiga. As mães podem ser estranhas quando estão cansadas ou irritadas. Pergunte de novo para ela, depois de limpar o quarto e de estudar. Aposto que ela vai dar a você uma resposta diferente".

Piadas à parte, Virginia não é a única que não entende o sentido de karma. Muitas pessoas supõem que ele tenha a ver com o fato de você ter sido o Estrangulador de Boston ou São Francisco de Assis na vida passada, quando na verdade karma é simplesmente a sempre presente lei de causa e efeito que governa todos os aspectos da criação. E, como não há nenhuma maneira de provar se reencarnamos ou não, muitos de nós, ao menos intuitivamente, aceitam a explicação de Jesus sobre karma: você colhe aquilo que semeia. Enquanto a nossa cultura orientada para o vitimismo — "isso é culpa de qualquer um, menos minha" — provavelmente não concordaria com isso, a lei do karma diz que o que colocamos na vida é o que dela retiramos. Se colocamos muita raiva, ódio e desconfiança na vida, sem dúvida teremos isso de volta, não na próxima encarnação, mas como uma resposta direta aos nossos pensamentos e ações naquele momento. Portanto, se queremos mudar o nosso "karma", temos de parar de pensar no passado e pensar sobre o que estamos fazendo hoje. Assim, teremos um motivo realmente bom para "fazer a coisa certa", porque a vida responderá com gentilezas. Em outras palavras, se algo ruim acontece como resultado de alguma coisa é porque você agiu mal.

> *O Bem e o Mal não são absolutos.*
>
> O Caibalion

Pergunta 9
Eu sou uma pessoa boa, então por que tenho tantos problemas para conseguir o que quero?

Acredite ou não, não é o quanto somos bons que determina aquilo que conseguimos na vida. "Bom" é um termo relativo. Dez chances contra uma que, se passamos a maior parte do nosso tempo tentando ser santos, estamos, provavelmente, evitando correr riscos. Pode ser difícil de aceitar, mas manter todos felizes à custa do nosso próprio bem-estar não é a receita para uma vida de realizações, e aqui vai algo chocante: não é "espiritual". A trilha espiritual leva à liberdade, não à obrigação que nunca acaba, nem à submissão. Ela mostra que devemos tratar as outras pessoas com justiça, amor e compaixão. Mas não devemos tratar a nós mesmos da mesma forma? Ser extremamente bom é uma armadilha que nos torna mártires em longo prazo. E todos conhecemos bem esse jogo. É hora de nos libertarmos da rotina de agradar aos outros e fazer o que realmente queremos. De início, as outras pessoas podem não gostar, mas irão superar isso. Elas podem até mesmo começar a fazer o que querem fazer. Bem, isso é espiritual.

UMA PÁGINA DA VIDA

O Jogo da Culpa

Muitos de nós são tão bons no papel de mártir que parece ser completamente impossível se responsabilizarem completamente pela própria vida, não importa o quanto tentem. Não estou falando isso do cume de uma montanha proverbial. Estudei espiritualidade durante muito tempo e sou, de fato, membro de carteirinha da escola de pensamento "você cria sua própria realidade". Tive alguns "momentos culminantes" ao longo do caminho e sei que há uma essência subjacente no universo. Até mesmo escrevi um livro que explica como a coisa toda funciona. Ainda assim, com mais freqüência do que eu gostaria de admitir, culpo circunstâncias externas e outras pessoas quando as coisas não acontecem do meu jeito.

Eis um exemplo recente. Tenho teleconferência com um cliente todos os domingos de manhã. Meu marido e minha filha têm de estar prontos e fora do apartamento por volta das 10 horas para que eu possa fazer o meu trabalho (que eu adoro). Meu marido costumava levar minha filha até a lanchonete para tomar café, e eles passavam algumas horas juntos para que eu pudesse fazer meu telefonema e adiantar o trabalho.

Sem nenhum motivo aparente, há alguns meses decidi que, como parte das minhas obrigações de esposa e mãe, eu deveria fazer um café da manhã especial para todos nós aos domingos, antes de as atividades diárias terem início. Isso não criou nada além de problemas, pois não há tempo suficiente para fazer tudo com calma e com prazer. Mas, em vez de voltar à nossa rotina original, eu continuei com a nova programação e culpei meu marido e minha filha, "que não cooperavam comigo", pelo meu nível de tensão. Por quê? Porque tenho um complexo de mártir, que significa que tem de ser eu quem trabalha (sob as mais difíceis condições) o tempo todo. Na verdade, eu simplesmente não podia tolerar minha falta de tensão, talvez o maior sintoma da síndrome da vítima/mártir. Resisti a essa percepção durante muito tempo, mas, para ser honesta, já não é divertido culpar as pessoas. Suponho que talvez eu esteja superando minha necessidade de ser uma mártir. No próximo domingo vou sorrir, ficar feliz e não vou fazer café da manhã — mesmo que isso me mate.

Tami

> *Para ser um povo santo, Israel tinha de ficar à parte, separado dos vizinhos idólatras. As leis que regulavam as dietas foram instituídas como um meio de tornar o estilo de vida judeu diferente daquele dos seus vizinhos.*
>
> Alfred J. Kolatch
> *The Jewish Book of Why*

Pergunta 10
Eu devo fazer uma dieta kosher/tomar vitaminas/comer peixe às sextas-feiras?

Os seres humanos adoram rituais. Achamos que é uma maneira maravilhosa de nos sentirmos ligados a alguma coisa maior do que nós — Deus, as outras pessoas ou algo ideal como saúde perfeita. Mas, de certa forma, os rituais são simplesmente uma forma de pensamento mágico fabricado pela mente para manter o medo existencial e o terror à distância e para fomentar um sentido de superioridade sobre os outros. Pensamos que, se comermos pouca ou nenhuma gordura, podemos nos proteger do mal. Mas coisas "más" acontecem de qualquer forma. Aviões caem, a economia oscila e alguém da sua família fica doente. Mesmo assim, os rituais nos unem, não é? Realizar certos ritos regularmente e adotar uma tradição pode nos tornar mais próximos de outros membros da nossa comunidade; mas e as pessoas que estão fora do nosso círculo? Não é mais difícil nos ligarmos àqueles que, aos nossos olhos, estão condenados a continuar "não-iluminados", ou condenados a passar a eternidade no inferno simplesmente porque não compartilham as nossas crenças?

Não há nada inerentemente errado em se ter uma dieta kosher, comer peixe às sextas-feiras ou meditar seis horas por dia, mas isso não aumenta nossas chances de entrar no reino dos céus ou de alcançar o nirvana — simplesmente porque já estamos lá. Estamos ocupados demais realizando rituais para perceber isso! E tomar vitaminas, fazer exercícios cinco horas por dia/semana/mês/ano e evitar manteiga não resulta, necessariamente, em saúde perfeita. No entanto, o fato de aceitar que já somos perfeitos como estamos pode disparar uma reação em cadeia que *pode* resultar num bem-estar físico maior. Nosso corpo e nossa mente precisam de rituais para se sentir vivos. Nossa alma sente-se viva *vivendo*.

UMA PÁGINA DA VIDA
Confissões de uma Esnobe de Dieta Saudável

Há muitos anos, fui ouvir Morley Safer entrevistar duas das minhas celebridades preferidas do mundo da culinária, Julia Child e Jacques Pépin. Em determinado momento, Morley perguntou a eles, "de que tipo de movimento culinário vocês não gostam?", e Julia respondeu imediatamente, "o desses malucos por comida saudável". Jacques e Julia são dois dos meus ícones preferidos não só porque são grandes chefes com personalidades vibrantes, mas também porque levam vidas felizes e realizadas, se alimentando de comidas sofisticadas e bebendo muito vinho e champanhe.

Houve um tempo, porém, que eu não apreciava tanto o estilo de vida deles. De fato, eu já fui uma dessas malucas por comida saudável a quem a senhora Child se referiu sem nenhuma afeição. Eu era uma esnobe que vivia tomando vitaminas, não tolerava lactose e só bebia suco de cenoura. Na verdade, eu fazia intervalos no meu regime nas ocasiões de festa e durante os feriados, portanto eu não ficava sem comer porcarias. Basicamente, porém, eu me sentia muito orgulhosa de comer "melhor" do que a maioria das pessoas que conhecia. Entretanto, logo percebi que os dentes de alho ao redor do meu pescoço não mantinham todos os vampiros malévolos à distância.

O ano em que completei vinte e cinco foi desafiador para mim. Eu estava no último ano da graduação. Estava extremamente entediada com a faculdade, depois de cursar cinco anos, e estava tendo de fazer escolhas a respeito de onde morar e do que fazer. Meu desejo verdadeiro era realizar alguma aventura — como trabalhar no planejamento de infra-estrutura de um país em desenvolvimento, ou abandonar a engenharia e abraçar uma profissão completamente nova, mas tinha medo. Os países em desenvolvimento estão infestados de doenças — e se eu pegasse alguma? Como eu podia mudar de profissão depois de receber meu doutorado? Como eu me manteria? Optei, então, por um trabalho tradicional de pesquisa em Boston — não era exatamente a Índia, mas uma cidade nova onde eu não conhecia quase ninguém. Infelizmente, esse compromisso incluía a ansiedade de viver sozinha num lugar novo, sem o entusiasmo de fazer algo realmente diferente. Mas eu estava segura, ao menos pensava assim, e podia conservar minha dieta saudável e meu estilo de vida. Mas havia algo errado.

No meu último ano de faculdade tive um caso realmente ruim de mononucleose que atrasou a conclusão da minha tese em um semestre. Então, menos de um ano depois, tive uma febre de 40º (não era uma febre tifóide) que me fez ficar no hospital durante cinco dias. Com os diabos, o que estava errado? Toda minha vida tinha sido estruturada na segurança e saúde, e lá estava eu — doente. Pessoas que davam muito menos atenção à sua condição física não acabavam no hospital, mas eu sim. Era como se o conflito, a frustração e o medo que estavam na minha vida tivessem drenado a força que havia em mim. Ironicamente, esse medo e conflito centravam-se na tentativa de me proteger. Conforme eu me recuperava desse minitrauma, percebi que minha vida não estava concentrada em ser saudável, como eu achava que era, mas em não ficar doente, e há uma diferença enorme entre essas duas coisas. Comecei a pensar menos sobre o que comer e mais sobre o que me fazia feliz. Fiz novas amizades, mantive um relacionamento a longa distância com meu namorado (hoje marido) e percebi que, se eu quisesse, *podia* sobreviver num lugar novo. Quando eu comia alimentos saudáveis ou tomava vitaminas não era mais por causa do medo, mas pela vontade de cuidar da minha própria saúde.

A experiência naquele hospital horrível me deixou mais humilde. Abandonei a antiga idéia de que a saúde tinha de ser preservada a todo custo. Afinal de contas, o preço que eu paguei por essa idéia foi minha própria saúde! O orgulho que eu tinha por saber mais sobre nutrição do que qualquer outro consumidor de supermercados deu lugar à conclusão lógica de que, se os outros estavam felizes, ativos e, em geral, conseguindo o que queriam da vida, quem era eu para criticar o que comiam? Então, quando Julia Child — que ainda viaja e grava programas de televisão com 85 anos de idade, que estudou artes culinárias em Paris e que se tornou um nome conhecido depois dos quarenta — diz para colocar duas colheres de sopa de manteiga numa receita, eu sigo suas instruções e aproveito o prato.

Karen

> *O existir tem essa peculiaridade necessária: sua mudança não é causada por nada que seja externo a ele.*
>
> Apolônio de Tiana

Pergunta 11
Eu preciso da aprovação de Deus?

As pessoas que conseguem o que querem da vida sabem que são 100% responsáveis pelo que acontece com elas, seja um furacão, um acidente de carro, uma doença ou um lance de sorte. Sabem focar sua energia no que querem, ficam motivadas quando as coisas apertam e se adaptam quando a vida lhes manda uma bola com efeito. Não desperdiçam tempo se preocupando com o que os outros pensam delas, querendo vingança ou julgando o jeito dos outros fazerem as coisas. Sabem que — embora seja árduo aceitar os dias difíceis — ninguém nos impede de vencer ou avançar, a não ser nós mesmos. Isso pode não ser fácil de ouvir, mas pense a respeito.

O reverso da medalha é que não precisamos da aprovação de ninguém para fazer qualquer coisa. Se a Natureza — outro nome de Deus — não gostasse daqueles que correm riscos, ainda seríamos organismos unicelulares nadando na sopa primordial. De acordo com as teologias tradicionais, fomos todos criados à imagem e semelhança do Criador. Então, não deveríamos agir de acordo?

Não fomos postos neste planeta para pedirmos aprovação a ninguém. Temos o poder de dirigir nossa vida do modo que escolhermos, pois somos os filhos e filhas do poder criativo do universo. É hora de levantar e começar a viver a vida dos nossos sonhos.

Experimente isso: comece com alguma coisa pequena — peça o que você realmente quer no almoço, faça a faculdade de que você realmente gosta ou quebre uma tradição familiar que o deixe infeliz. A chave é fazer algo, qualquer coisa, que prove que você pode tomar decisões por si mesmo e assumir as conseqüências. Com o tempo, você pega o jeito disso. Você tem o Poder!

Embora o mundo esteja cheio de sofrimento, também está cheio de vitórias sobre esse sofrimento.

Helen Keller

Pergunta 12
Vocês não entendem — eu tenho problemas REAIS?

É fácil ser positivo e ter fé na ordem natural do universo quando as coisas vão bem. Seja se divertindo com os amigos ou concluindo um projeto bem-sucedido no trabalho, quando a vida está em harmonia com nossos desejos nos sentimos vivos e controlando nosso próprio destino. O que é ainda mais surpreendente do que esse sentimento de poder pessoal, porém, é como ele vai embora rápido logo que alguma coisa indesejada acontece. "Meu marido perdeu todas as nossas economias no jogo", ou, pior ainda, "minhas artérias estão entupidas e eu talvez precise de uma cirurgia". "Esqueça essa 'besteira espiritual' — isto é sério!" Tenho de admitir que é difícil lembrar ou até mesmo acreditar que somos seres espirituais com todo o conhecimento do universo à nossa disposição quando estamos totalmente cegos por um problema grave. Mas espiritualidade tem a ver com se ligar àquele poder criativo dentro de nós. Só porque há coisas na nossa vida das quais não gostamos, não significa que esse poder nos abandonou. Quer dizer apenas que é hora de entrar em nós mesmos e descobrir como podemos usar nosso poder criativo para resolver o problema ou nos adaptarmos, se necessário, à nova situação. Independentemente daquilo em que acreditamos, obstáculos não são castigos. Eles representam um conflito interno que precisamos resolver. É exatamente quando temos problemas *reais* que precisamos mais nos ligar à nossa natureza espiritual. Quando estamos em contato com nossa natureza interior, sentimo-nos menos sós, mais capazes de aprender com a luta e, sobretudo, perceber que o mesmo poder que criou o problema pode resolvê-lo.

> *A emoção, que é sofrimento, deixa de ser sofrimento tão logo a transformamos num quadro claro e preciso.*
>
> Spinoza — *Ética* (parafraseado por Viktor E. Frankl em *Man's Search for Meaning*)

Pergunta 13
Eu preciso sofrer?

Não há meios de dourar esta pílula: é impossível ser humano e não sofrer. Mas o que "sofrer" quer realmente dizer? Uma definição é "sentir dor e desconforto", como "sofro de câncer". Todos pensamos sobre isso e por um bom motivo. Como temos um corpo, não podemos evitar a experiência da dor física — a nossa própria entrada neste mundo é permeada de dor e desconforto, tanto para a mãe quanto para a criança. E, como somos criaturas emocionais, é impossível não nos sentirmos tristes ou chateados de vez em quando. No reino humano, a dor e o desconforto são simplesmente esperados — mas o prazer também é.

Há outra definição para a palavra "sofrer", que é "experimentar, sentir ou passar por". Todos conhecemos a expressão "todos sofrem as conseqüências das suas ações". Normalmente, atribuímos uma conotação negativa a isso devido à nossa noção judeu-cristã de julgamento, pecado e imperfeição humana. Mas "sofrer", assim como "experimentar", não precisa ter uma conseqüência negativa. Podemos, da mesma maneira, obter resultados maravilhosos das nossas ações, quando finalmente somos promovidos, depois de anos de trabalho dedicado, ou quando nos emocionamos ao descobrir que vamos ter um bebê, após ter feito amor com nosso companheiro. Num sentido real, "sofrer" é a abreviatura da lei da causa e efeito. Quando focamos nossa atenção na dor e no desconforto — glorificando-os ou os evitando —, criamos ainda mais dor e desconforto. Por outro lado, ao nos permitirmos viver e sentir todos os aspectos da vida, seus altos e baixos, as alegrias e os desafios, aceitamos nosso magnífico papel de co-criadores e a vida se torna uma aventura espiritual.

UMA PÁGINA DA VIDA
A Estrada para o Calvário

Como cidadãos bem-educados do século XXI, rimos ao pensar que os povos "primitivos" acreditavam que seus deuses eram reais. Existe a mitologia, raciocinamos, uma coleção de histórias criadas para dar sentido ao desconhecido que eram, então, consideradas realidade. A maioria de nós, porém, não usa o mesmo raciocínio quando contempla as histórias das suas próprias religiões.

Católica por tradição, eu sempre fiquei confusa com a natureza contraditória da história de Cristo, conforme a religião conservadora a apresenta. De um lado, sempre fui profundamente inspirada pela dedicação de Jesus à Verdade e sua determinação de "fazer a coisa certa", apesar das conseqüências. Por outro lado, o exemplo de Jesus não me tocava como uma maneira particularmente prática de se viver por causa do intenso sofrimento que o envolveu. Não é fácil ficar influenciado a seguir os passos do Cristo quando acabar pregado numa cruz é a recompensa que nos espera no final da trilha. Sejamos francos, quando tomada ao pé da letra, a história em si é suficiente para assustar o possível Jesus em qualquer um de nós! Quem, em sã consciência, iria escolher ir contra a sabedoria convencional e a ordem social estabelecida só para acabar torturado e morto? Para a maioria de nós, a improvável promessa de ressurreição sobrenatural não ajuda muito a adocicar o desafio.

A maneira como quase todas as igrejas cristãs retratam Cristo — pregado na cruz à beira da morte — não estimula o desejo de transcendência espiritual no coração da maioria das pessoas. Mesmo que não estejamos conscientes disso, essa imagem horripilante nos vem mais como um aviso sobre o que acontece com aqueles que pregam uma versão da verdade que se opõe ao dogma aceito. No mínimo, é uma eficiente propaganda visual da dor e do sofrimento. As duas pedras fundamentais do cristianismo — o conceito do "pecado original" (que nem mesmo é um ensinamento de Jesus) e a idéia de que Jesus morreu para nos salvar dos nossos pecados — enfatizam a dor e o sofrimento como a condição humana. Não apenas isso, elas não têm sentido filosófico. Até mesmo antes da história da expulsão de Adão e Eva do Paraíso, que é a raiz do pecado original, Deus disse, "Façamos o homem à nossa imagem e semelhança (...)" (Gênesis 1:26). Bem, se somos feitos à imagem do nosso Criador, o Qual, conforme aceitamos, está sempre presente, é todo-poderoso e onisciente, como podemos ter nascido do pecado? A não ser que Deus seja pecaminoso — o que claramente vai contra os atributos do Criador. Se Deus está em todos os lugares, conhece tudo e tem todo o poder, como pode haver pecado? E, se não existe o pecado, o que Jesus estava fazendo pregado na cruz?

Além da horrível natureza dessa história e das inconsistências filosóficas dentro da tradição cristã, ainda há a impensável pergunta sobre se Jesus existiu de fato. Alguns reputados estudiosos contestam a idéia de que Jesus era um ser humano vivente, nascido da Virgem Maria em 25 de dezembro. O campo da religião comparada mostrou semelhanças surpreendentes entre a história de Cristo, os mitos de Osíris/Dionísio, os relatos do Buda e de Krishna e a vida de Apolônio de Tiana. Como resultado, mais e mais pessoas estão vendo a história de Cristo como um mito, uma alegoria e uma representação simbólica da jornada universal rumo à percepção espiritual, ou união com Deus.

Apesar da minha busca de vida inteira pela compreensão espiritual, apenas recentemente tive coragem de questionar a existência histórica de Jesus Cristo. Sou uma pessoa lógica; fui encorajada desde o começo da infância a questionar aquilo que não fazia sentido para mim e não fui muito bem educada na minha própria religião. Então, por que, exatamente, a idéia de que Jesus é um mito é uma noção tão radical? Porque a mensagem da própria história do Cristo diz que ir contra a norma é um negócio sério. Até mesmo pessoas com alto nível de estudo não se arriscam a enfrentar a condenação eterna e o fogo do inferno questionando os "mistérios da Igreja". Mas abandonar a interpretação oficial da vida de Jesus Cristo é a única maneira de descobrir o Cristo interior — que parece ser realmente aquilo que Jesus pregava —, ou seja, que tudo, desde o Reino dos Céus até o poder da cura está dentro de nós, assim como estava dentro dele. Quando percebemos que a crucificação não tem a ver com dor ou sofrimento, mas com liberdade, podemos ser capazes de crer na ressurreição

— não a sobrenatural, mas uma nova vida no Espírito, liberta das incessantes exigências do ego e da realidade material. Se pudermos começar a desvelar a Verdade do Mito de Jesus por nós mesmos, poderemos ver não só que todos nós estamos na estrada do Calvário, mas também que não há motivo para não aproveitar a viagem.

Tami

> *Em todo ser humano existe a impressão daquilo que aconteceu antes, especialmente a impressão dos seus ancestrais diretos. E não apenas isso, mas ela é, também, a impressão de todo o ambiente onde esse ser humano viveu e a impressão de que a responsabilidade humana é completamente não-científica e, além disso, horrivelmente cruel.*
>
> Clarence Darrow

Pergunta 14
Se eu tenho livre-arbítrio, como é que continuo cometendo os mesmos erros?

Dizemos a nós mesmos, "da próxima vez que ela me criticar, não vou ficar chateado". Mas, antes que percebamos, escapamos da situação com defensivas. Juramos parar de sair com tolos mandões, mas sempre repetimos o mesmo velho padrão. Algumas pessoas estão destinadas a fazer más escolhas? Bem, sim e não. O livre-arbítrio é um conceito da moda. De um lado, temos um cérebro que nos permite analisar uma situação e agir de acordo. Entretanto, nosso cérebro pode apenas trabalhar com os dados que ele recebeu — por meio da educação, dos ancestrais e da nossa própria experiência de vida. Se lá no fundo somos inseguros, será difícil ignorar uma pessoa crítica ou ter confiança para censurá-la. Então, de alguma forma, é o nosso destino sofrer com esse tipo de experiência até aprendermos a conquistá-la. Daí a expressão batida, não tão consoladora, mas mesmo assim verdadeira "tudo acontece por um motivo". O livre-arbítrio evolui da mesma forma como nós evoluímos. É muito difícil combater aquele sentimento de raiva no meio de uma situação que realmente nos incomoda. No entanto, se deliberadamente buscamos experiências em que possamos ser pacientes, compreensivos e conseguimos perdoar, então teremos alguns dados nos quais nos basear na próxima vez que confrontarmos uma situação volátil. Vamos usar o livre-arbítrio para mudar nossa natureza e deixar o destino fazer o resto.

O Homem não é nada além da sombra de um sonho.
Píndaro, Odes Pítias 8, Século V a. C.

Pergunta 15
Eu tenho de passar por isso sozinho?

Fazer aquilo em que você acredita, seguir seu coração, confiar nos seus instintos parece uma viagem solitária? É, pode parecer. E, quando se chega a isso, ninguém além de você pode determinar o curso de ação correto para sua vida e para seu crescimento espiritual. Mas o que não é muito considerado é que o conflito, a falta de apoio e até mesmo a solidão são realmente o resultado de não seguirmos nossos próprios caminhos. É como quando você era criança no ensino fundamental, tentando arduamente fazer parte da turma, mas seus esforços para se adaptar apenas reforçavam o quanto você se sentia diferente. Então, numas férias de verão, você finalmente admite que se interessa mais por ciência do que por fazer compras, ou jogar futebol, e seus pais o mandam para um acampamento de astronomia. Lá, você encontra pessoas legais com as quais se liga apenas por ser você mesmo.

Quando somos fiéis a nós mesmos, pode haver pessoas que não nos entendem, mas sempre encontraremos aquelas que nos ajudarão ao longo da vida. Da mesma forma como sabemos que é bom ser admirado pelos outros, lá no fundo, sabemos a diferença entre sermos admirados por algo significativo para nós e sermos admirados por algo superficial, ou ainda pior, contrário a nós. Quem precisa de apoio para alguma coisa que, em primeiro lugar, não desejamos? Seja ousado, seja corajoso, seja você mesmo. Você pode descobrir que você é a única companhia da qual precisa.

UMA PÁGINA DA VIDA
Eu e Vincent Van Gogh

"Ninguém me apóia" foi meu mantra durante quase a vida inteira. Mas o pior é que ele não é realmente verdadeiro. É simplesmente o trecho de um monólogo interior escrito, dirigido e produzido pelo meu ego, para o meu ego. Sempre contamos histórias a nós mesmos, mas raramente paramos para pensar sobre de onde elas vêm ou sobre como afetam, ou talvez eu devesse dizer, dirigem nossa vida.

Minha história particular vem do fato de eu ter uma natureza contraditória. Sou uma pessoa cuja tendência é correr riscos e tenho forte propensão de agradar aos outros. Em outras palavras, adoro ir aonde os outros temem, mas quero uma torcida para me acompanhar em cada passo do caminho. Não precisa nem dizer que não é assim que o negócio de correr riscos funciona. Não me entenda mal, não tenho desejo de pilotar um carro de corridas ou de me tornar uma esquiadora olímpica. O risco físico não é o meu forte — peça para o meu marido descrever minha cara quando o carro passa de 100 quilômetros por hora, ou quando sou empurrada num declive coberto de neve a uma velocidade em que a maioria das crianças em idade pré-escolar poderia ultrapassar sem dificuldade. Gosto, porém, de singrar as águas desconhecidas da alma e me vejo compelida a seguir meu coração, mesmo quando um resultado bem-sucedido parece distante. Sou uma pessoa intuitiva, cheia de empatia e acho fácil ler as pessoas e perceber as entrelinhas na maioria das situações. Como resultado, sei o que dizer, quando dizer e sou muito boa em agradar aos outros e dar apoio emocional. O que é estranho, porém, apesar da minha sensibilidade com relação aos outros, é que supus que todos gostam de trilhar novos caminhos e são tão intuitivos e cheios de empatia quanto eu. Essa percepção equivocada me causou muita dor e mágoa desnecessárias.

A reviravolta na minha vida aconteceu durante uma chorosa seção de psicanálise, quando eu tinha quase trinta anos. Eu estava contando à minha terapeuta sobre algum incidente que provava o quanto eu era malcompreendida e maltratada, quando ela disse, "eu entendo como você deve se sentir, Tami, mas nem todos são como você". Fiquei atordoada com a implicação dessa afirmação simples e óbvia. Talvez as pessoas não estivessem se desviando do caminho só para me magoar. Talvez não estivessem deliberadamente se recusando a me dar apoio; elas simplesmente não estavam na minha sintonia e não sabiam o que dizer para me confortar. Percebi que eu tinha de parar de me levar tão a sério e de considerar as outras pessoas de maneira tão pessoal. Eu podia passar pela vida de forma tão incompreendida quanto Vincent Van Gogh, mas sem o brilho artístico para me consolar, ou parar de buscar afirmação e começar a correr alguns riscos que eu queria correr.

Apoio é uma coisa enganosa. Todos precisamos, mas a maioria de nós não é boa em dar a si mesmos. Pensamos que a aprovação tem de vir de fontes externas — dos nossos pais, amigos, professores ou chefes. Mas a realidade externa não existe, a não ser como um reflexo das nossas crenças. Quando não sou apoiada, é porque não estou me apoiando, simplesmente isso. Nem sempre é fácil para eu aceitar a realidade do meu papel de criadora da minha experiência, mas isso não significa que ele não seja verdadeiro. Sou muito mais feliz desde que percebi que, de uma maneira muito real, sou sozinha — e estar só é uma coisa boa, pois não preciso desperdiçar meu tempo esperando o apoio de alguém. Hoje, quando sinto que preciso de apoio, penso sobre o que eu diria a alguém numa posição semelhante e converso comigo sobre isso até me sentir melhor. Às vezes demora dias, mas funciona. Não sou, porém, uma heroína. Quando estou realmente tensa, pego-me repetindo meu velho mantra, "ninguém me apóia". Mas agora sei que isso é uma mentira e dou risada.

Tami

Parte 2

Manobras Práticas Baixas e Sujas

Simplesmente superar velhas crenças não vai adiantar por muito tempo. Precisamos de algumas experiências práticas para respaldar nossa nova perspectiva sobre o significado de ser espiritual com relação ao Princípio da Vida Única. A Parte 2 é um guia prático para ajudar você a adquirir experiência no mundo real. Ela contém vivências, exercícios e ensaios que foram elaborados para mostrar que:

1. a realidade é mais maleável do que pensamos,
2. temos mais controle sobre o que acontece conosco do que percebemos e
3. aquilo que focalizamos, ou onde colocamos nossa energia, determina o que conseguimos da vida.

*Felicidade é quando o que você pensa, o que diz
e o que faz estão em harmonia.*

Mahatma Gandhi

Pergunta 16
Como você agiria se fosse feliz?

Você:
- Sorriria?
- Dançaria?
- Perdoaria mais os erros das outras pessoas ou os seus próprios?
- Chamaria um amigo para fazer algo divertido?
- Diria a alguém que você ama essa pessoa?
- Tentaria fazer algo novo sem se preocupar se terá sucesso ou se fracassará?
- Gravitaria em torno de outras pessoas felizes ou levantaria o astral daquelas ao seu redor?
- Trabalharia para conseguir o que quer, em vez de se sentir uma vítima das circunstâncias?
- Apreciaria mais aquilo que tem?
- Sentir-se-ia menos apegado ao que possui?
- Cuidaria de si mesmo?

- Não se preocuparia com o que as outras pessoas pensam a seu respeito?

A maioria de nós já percebeu que o que damos é o que recebemos de volta. Então, por que ainda não fizemos essas coisas? Porque é difícil. Vamos encarar, às vezes é mais divertido ficar bravo e mais fácil culpar os outros quando as coisas não acontecem da maneira como queremos. A felicidade, exatamente como a raiva, é uma escolha. Da próxima vez que você ficar com raiva, dance um pouco e veja o que acontece.

> *Vou vender esta casa hoje.*
> *Vou vender esta casa hoje.*
> *Vou vender esta casa hoje.*
>
> Annette Bening como Carolyn,
> em *Beleza Americana,* de Alan Ball

Pergunta 17
O pensamento "positivo" realmente funciona?

Pensamento positivo sozinho não vai trazer o que você deseja. Você deve falar positivamente, agir positivamente e, ainda mais importante, acreditar que é *possível* mudar sua realidade de acordo com sua vontade. Você já se sentiu como se fosse um ator de uma peça e o diretor esqueceu de dar a você uma cópia do roteiro? Esse sentimento de impotência é muito comum e faz com que não consigamos aquilo que queremos. Ironicamente, na verdade, temos controle daquilo que vivemos por meio da lei de atração que afirma que "semelhantes atraem semelhantes". Quer experimentar o sentido disso? Pegue um dia em que você se sinta como um ator. Vá a uma loja e aja de maneira crítica, com impaciência e irritação com todos que você encontra. Observe o que acontece como resultado. Como as pessoas respondem? Como o mundo fica parecendo? Como o seu corpo se sente? Que pensamentos você tem? Dê a si mesmo um tempo para se desfazer desse papel e vá a outra loja, dessa vez sendo paciente, gentil e educado, não importa o que aconteça ou quem você encontre no caminho. Apenas bajular não vai adiantar, portanto coloque algo de verdadeiro na sua atuação. Como você se sente agora? Seja o diretor e o roteirista e crie a vida que você quer viver.

UMA PÁGINA DA VIDA
Preparando-se para o Melhor — Uma Estratégia Corporativa

Einstein disse que era impossível promover a paz e simultaneamente se preparar para a guerra — uma observação irônica vindo de alguém cujo trabalho levou ao desenvolvimento de uma artilharia bem pesada. Mas ele estava certo, não há outra forma. Para se executar uma tarefa com eficiência, você deve fazer esforços que estejam de acordo com sua meta. Se você quer batatas, então não plante beterrabas. Se você quer paz, não fabrique armas. E, se você estiver fabricando armas, não desvie sua atenção com algum tipo de idéia sobre ação voluntária e admita que sua meta é ficar forte para que ninguém folgue com você. Não estou dizendo que uma abordagem é necessariamente melhor do que a outra, estou apenas dizendo que fingir que queremos uma coisa, enquanto agimos voltados para outra, é simplesmente contraproducente.

Essa hipocrisia é freqüentemente encontrada em situações de negócios. Sei a respeito, pois sou culpada de perpetuar essa situação. Eu queria o sucesso, mas estava ocupada demais pondo à luz problemas em potencial para reconhecer muitas oportunidades criativas. Queria ter mais subordinados e um bom relacionamento com meus colegas no trabalho. Entretanto, tinha dificuldades em delegar responsabilidade, achando que tinha de estar envolvida em todos os níveis. Esses padrões são duros de quebrar, mas finalmente o peso de me preparar para o pior me esgotou, e eu soube que teria de tentar algo diferente.

Fingir uma atitude positiva nunca fez muito sentido para mim, mas conforme eu aprendia sobre o Princípio da Vida Única, comecei a compreender a relação direta entre expectativas e resultados. Comecei a testar esse relacionamento nas minhas tarefas com o pequeno grupo de pesquisa sob minha liderança. Eu queria funcionários capazes, independentes, portanto decidi tratá-los como se fossem assim. Parei de vigiá-los e dei a eles espaço para fazerem seu trabalho. A resposta foi muito interessante. Algumas pessoas cresceram com a oportunidade — trabalhando de maneira independente e procurando ajuda quando precisavam. Também começaram a contribuir com suas próprias idéias criativas de uma forma que nunca teriam feito no antigo regime. Uma pessoa, que se sentia muito confortável com meu estilo anterior de gerenciamento, ficou muito nervosa e vinha tirar dúvidas comigo a cada cinco minutos. Tivemos de trabalhar isso. Depois, houve aquela que reclamava sem parar. Essa pessoa sempre tinha me dado muito trabalho, alimentado meu medo do fracasso e do desalento. Agora, porém, eu não a favorecia. Ele tentou exasperar outros no departamento, mas eles estavam felizes com os novos arranjos e apenas o julgaram irritante. Sua natureza destrutiva logo ficou aparente e, a certa altura, eu soube que ele tinha de ir. Como um feliz "acidente", uma vaga surgiu em outro departamento, e ele migrou antes que eu tivesse de despedi-lo.

Essa foi uma experiência surpreendente. Meu maior medo era que eu fosse ofuscada pelos problemas se não os previsse com diligência. Em vez disso, ao esperar o melhor, acabei descobrindo problemas tanto em mim quanto na organização que tinham impedido todos nós de perceber nosso potencial. E quando isso foi ressaltado, fiquei com um grupo motivado e pronto para realizar, em lugar de um que se desgastava tentando provar sua capacidade para mim.

De certa forma, tive sorte que meu medo fosse um obstáculo no mundo dos negócios, pois logo me forçou a lidar com ele. Preparar-me para o melhor ainda é um esforço consciente para mim. No começo de um novo empreendimento, freqüentemente me sinto como se tivesse pulado de um penhasco e, às vezes, um problema inesperado surge e tenho de me restabelecer. Mas a cada experiência, ganho mais confiança na lei infalível da causa e efeito que governa todos os aspectos do nosso universo, e sei que para conseguir o melhor da vida tenho de me preparar para receber isso.

Karen

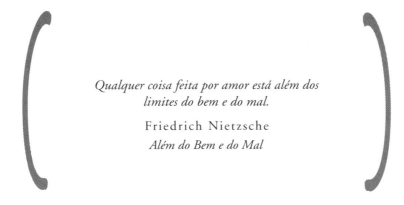

Qualquer coisa feita por amor está além dos limites do bem e do mal.

Friedrich Nietzsche
Além do Bem e do Mal

Pergunta 18
O que isso tem a ver com amor?

O amor tem, supostamente, uma função enorme na nossa vida. Mas realmente sabemos o que é o amor? Freqüentemente, o que achamos ser amor é uma reação que faz nossos joelhos tremerem, causada pelos nossos próprios medos e destinada a proteger nossos interesses pessoais. Para alguns, esses medos derivam de terem aceitado um Deus julgador e intrometido como modelo para a interação humana. Para outros, resultam de uma falta de fé na existência de qualquer tipo de poder universal — cada homem e mulher por si mesmo. Para expor a verdade por trás da ilusão, escolhemos cinco reações emocionais que normalmente passam por amor. O que isso tem a ver com amor? Seja você o juiz.

1. **Tenho ciúme quando meu namorado/minha namorada conversa com outras(os) mulheres/homens.**
   O ciúme é quase sempre visto como prova de amor, mas realmente reflete uma insegurança subconsciente e falta de confiança. O ciúme deriva da avareza e do egoísmo — não do amor — e tem a ver com posse. No plano espiritual, somos todos um; portanto, é impossível possuir (ou controlar) outro indivíduo. Não entenda mal. Você não tem de tolerar um comportamento que o magoa, mas, quando o ciúme ergue sua feia face, ame a si mesmo o bastante para chegar ao fundo do problema, descobrindo por que você se sente tão inseguro. Uma vez que tenha descoberto sua parte no problema, você pode determinar o curso de ação apropriado. Uma coisa é certa, o ciúme não tem lugar num relacionamento verdadeiramente amoroso.
2. **Ainda sofro com a morte de meu pai/minha mãe, que aconteceu há muitos anos.**
   O sentimento de luto não é pelo morto, é uma indulgência com os vivos. Embora o sofrimento pela perda de alguém querido possa ser psicologicamente necessário durante um período de tempo, não se deve aumentar a tensão, fingindo que devemos à pessoa que morreu a desintegração da nossa vida por um longo período de tempo. Superficialmente, isso pode parecer desrespeitoso, mas, em um plano mais profundo, mostra profundo respeito e amor pela vida, que inclui finalmente a morte do corpo. Amor não é uma coisa física, portanto o amor não morreu. Focalizar os sentimentos positivos que você nutria pela pessoa que morreu e lembrar do amor que vocês compartilhavam faz com que mais amor entre na sua vida e mantém esse amor vivo eternamente.

3. Meus filhos vão para a faculdade, quer queiram quer não.
É natural desejarmos o melhor para nossos filhos, mas, quando impomos nossa vontade a eles, corremos o risco de interferir com seu crescimento e progresso. Amor verdadeiro tem a ver com encorajar nossos filhos (ou qualquer um com quem nos importamos) a evoluir no seu próprio ritmo, mesmo que façam escolhas que, de acordo com seu julgamento, arrependam-se depois. Se tentarmos tomar a decisão "certa" apesar dos desejos deles, provavelmente a única coisa que irão desenvolver é ressentimento. Recue, morda a língua e os trate como os sábios que tomam decisões corretas como você gostaria que eles fossem. Quem sabe se eles não se conhecem melhor do que você julga.

4. Estou brava com a decisão da minha amiga de não se submeter à quimioterapia e radioterapia para câncer no seio e tentei convencê-la do contrário.
Mesmo que pareça uma atitude de preocupação e de responsabilidade, dizer a outras pessoas como viver a vida delas ou até mesmo se preocupar com a maneira como fazem isso, tem a ver com medo e não com amor. Não há uma solução "correta", mesmo que seja um assunto de vida ou morte. Se tudo o que você vê é o que sua amiga *não* está fazendo, então talvez você precise compreender mais profundamente o que ela *está* fazendo e o que ela quer conseguir. A próxima vez que você estiver para dizer as palavras "isso é só porque me preocupo com você", pare e pense se não é realmente porque "o seu jeito contradiz o meu, por isso não pode ser bom".

5. Meu marido/minha mulher não gosta de viajar, por isso recusei uma oportunidade única de visitar o Japão para não ter de deixá-lo(a) sozinho(a) em casa.

O auto-sacrifício é quase sempre visto como um ato de amor, mas normalmente é um martírio desnecessário. Todos temos obrigações com nosso trabalho e família e às vezes cumprimos tarefas que não desejamos em termos de amor porque elas nos levarão a metas maiores. Mas, quando a obrigação se torna auto-opressão, pode parecer que estamos fazendo isso para agradar aos outros, mas em longo prazo nos tornamos ressentidos, depauperados e inúteis para ajudar qualquer um. É um padrão difícil de se mudar, portanto comece com algo pequeno, como um passeio à tarde. Se o mundo não parar opressivamente, você poderá sentir mais liberdade do que percebe para fazer a viagem ao redor do mundo. Se houver alguma briga entre vocês por causa disso, ao menos você poderá lidar com ela em doses pequenas, um passo de cada vez.

> *Nos dias de hoje e nesta era, a maior devoção, maior até mesmo do que o aprendizado e a oração, consiste em aceitar o mundo exatamente como ele é.*
>
> Rabino Moshe de Kobryn

Pergunta 19
Por que não entrar em contato com seu vegetal interior?

Às vezes, por um motivo qualquer, as coisas não acontecem como gostaríamos. Talvez estejamos confusos sobre o que realmente queremos, ou talvez haja algo melhor esperando por nós. Mas até que tenhamos a clareza que normalmente vem de uma percepção tardia, pensamos, "que diabos vou fazer agora?". Pode parecer pouco provável, mas encontramos uma fonte inesperada de inspiração no mundo das plantas. A maioria das pessoas associa a vegetação com preguiça ou inatividade, quando, na verdade, as plantas são uma das criaturas mais inovadoras e adaptáveis que existem. As árvores dividem seus troncos para crescer ao redor daquilo que as obstrui. As plantas domésticas se retorcem e se viram para crescer em direção a um único raio de luz. Batatas e cebolas criam raízes num copo de água (ou até mesmo na geladeira). E as ervas daninhas, meu Deus, não importa o quanto sejam combatidas, elas sempre voltam. E o que isso tem a ver com nós, seres humanos? Bem, nós também temos essa habilidade de nos adaptarmos e de criarmos novas oportunidades. Algumas pessoas com deficiência visual desenvolvem uma audição apurada; outras, com seqüelas cerebrais, recuperam a memória à medida que o cérebro estabelece novos caminhos para acessar informações armazenadas; e em alguns casos de sistemas reprodutivos danificados, a trompa de Falópio se curva para receber o ovo do ovário do lado oposto. Se isso não é adaptação igual a das plantas, o que é, então? Por isso, da próxima vez que enfrentar uma situação pela qual nunca desejou passar, tente entrar em contato com seu vegetal interior para ajudá-lo.

UMA PÁGINA DA VIDA
A Vida Cuida de Si Mesma

Eu estava entusiasmada quando o vôo charter da Air France pousou no aeroporto de Orly. Eu queria morar e estudar em Paris desde que eu estava no ensino fundamental — e agora, dez anos depois, estava para embarcar na aventura de uma vida. Também estava muito assustada. Por causa do horário do vôo charter, havia uma lacuna de alguns dias entre minha chegada na França e meu encontro com os outros calouros estrangeiros, e a perspectiva de passar tanto tempo sozinha numa cidade estrangeira me deixou tão nervosa, tensa e ansiosa como jamais me sentira antes.

Por mais que tentasse, eu não conseguia controlar os pensamentos girando na minha cabeça. Alguém me ajudaria? Como eu descobriria meu caminho? Será que eu ia me lembrar como falar francês? Desesperada, para evitar um colapso mental, eu cavei fundo na memória e me lembrei de algumas experiências vividas que me mostraram que eu provavelmente seria capaz de lidar com a situação. Eu tinha conseguido superar os primeiros dias na faculdade, não tinha? As vezes que falei francês em Montreal as pessoas me entenderam, não entenderam? Eu nunca tinha me perdido, tinha? Eu disse a mim mesma que tivesse coragem, fé e me adaptasse. Eu estava indo para a França. Isso não era, afinal de contas, um confinamento solitário numa penitenciária federal.

Depois de retirar minha bagagem no aeroporto, uma francesa maravilhosa que eu tinha conhecido no vôo pegou um táxi comigo até a cidade. Ela me deu seu telefone e me disse para não me preocupar. Disse que eu falava francês bem e que tudo daria certo. Fiquei num albergue para jovens na margem direita do rio Sena e, quando cheguei, encontrei algumas americanas que também estavam hospedadas no albergue. Elas ficaram aliviadas porque eu falava francês e passeamos juntas pela cidade durante os dias seguintes — e não nos perdemos nenhuma vez. No final do primeiro dia tudo ia bem, e eu comecei a relaxar. Logo percebi que adorava Paris como achei que adoraria e, estranhamente, senti-me em casa no meu novo ambiente. Finalmente, encontrei os estudantes com quem passaria o resto do ano, e minha iniciação na vida francesa se completou. Nunca me senti tão aliviada, confiante e viva na minha vida inteira. Quando o meu ano letivo acabou, eu era uma nova pessoa que tinha adquirido o sabor da liberdade que vem com a capacidade de adaptação.

Tami

> *As pessoas fingem que sabem a respeito de todas as coisas: a respeito de Deus, do futuro da vida, do universo, da origem do homem, da evolução, a respeito de tudo. Mas na verdade não sabem nada, nem mesmo a respeito delas mesmas.*
>
> *E a cada vez que falam sobre algo que não sabem como se soubessem, elas mentem. Conseqüentemente, o estudo da mentira se torna a primeira prioridade na psicologia.*
>
> P.D. Ouspensky, *The Psychology of Man's Possible Evolution*

Pergunta 20
O que significa ser verdadeiro?

Ser verdadeiro significa falar daquilo que *sabemos* — não daquilo em que *acreditamos* ou que *ouvimos* um milhão de vezes na TV. Mas o saber é baseado nas nossas próprias experiências, as quais, é claro, variam imensamente de pessoa para pessoa. Isso explica por que as coisas que parecem obviamente verdadeiras para nós podem ser completamente repudiadas pelos outros. A única coisa que podemos afirmar que conhecemos é nós mesmos, e até mesmo esse conhecimento pode às vezes parecer um tanto incerto. Antes de sermos verdadeiros com os outros, precisamos ser honestos com nós mesmos sobre como nossas próprias crenças ou conceitos podem deturpar a verdade. Uma vez que estejamos relativamente certos de que sabemos o que é a verdade, precisamos ter cuidado com aqueles que não estão prontos para ouvir essa informação — do contrário, é como se contássemos a uma criança que Papai Noel não existe antes de ela estar pronta para deixar de acreditar nisso. Em vez de dizer às outras pessoas "o porquê de alguma coisa", veja se há uma maneira com a qual você possa ajudá-las a descobrir suas verdades por elas mesmas. Às vezes isso significa dar exemplos, às vezes significa deixar que elas trilhem seus próprios caminhos, aprendam suas própria lições, que são aquelas que realmente ficam. Se nos concentrarmos em agir de uma maneira que permita um grande crescimento para todos os envolvidos, inclusive para nós mesmos, então a verdade será revelada naturalmente e no seu próprio tempo, mesmo se não dissermos uma única palavra.

> *Tudo e todos ao seu redor são seus mestres.*
> Ken Keyes, Jr.
> Handbook to Higher Consciousness

Pergunta 21
Por que algumas pessoas são tão difíceis?

Porque elas refletem para nós aspectos da nossa própria personalidade que ainda não confrontamos e que estão nos impedindo de conseguir o que queremos. Não acredita? Pegue um pedaço de papel e o divida em seis colunas. Na primeira coluna, escreva o nome de uma pessoa com quem você está tendo dificuldades (é bom pôr isso para fora, não é?). Na segunda coluna, escreva os nomes dos seus parentes ou de quaisquer outras pessoas que essa pessoa o faz lembrar (Deus, isso vem acontecendo desde a infância, não?). Na terceira coluna, identifique todas as qualidades negativas da pessoa na primeira coluna (você sabe, raiva, confrontos, insensibilidade, etc.). Na quarta coluna, faça uma lista das ocasiões recentes em que você demonstrou essas mesmas qualidades (vamos, você sabe que demonstrou!). Na quinta coluna, escreva o que faz você ter esse comportamento negativo (Vá com calma. Pode não ser fácil identificar isso, mas você consegue...). Na sexta coluna escreva os passos que você pode dar para mudar seu comportamento negativo (uau, isso é muito mais barato do que terapia!). Ei, espere um minuto! E as pessoas da primeira e da segunda coluna? Coloque o seu plano da sexta coluna em ação e logo você se surpreenderá ao ver como essas pessoas desagradáveis mudaram.

UMA PÁGINA DA VIDA
Vibrações

Pode não parecer, mas no mundo físico tudo vibra, tudo está em movimento. Se um objeto é duro como uma bola de boliche ou macio como um travesseiro, isso tem relação com as taxas específicas de movimento interior. Toda matéria tem um caráter vibratório e é, por sua vez, afetada pela energia de uma natureza vibratória semelhante — um fenômeno chamado de ressonância. Uma tropa em marcha pode demolir uma ponte com a energia coletiva dos seus passos sincronizados; terremotos podem fazer sólidos edifícios de tijolos tremer como gelatina. Mas você sabia que nesse mesmo terremoto um moderno arranha-céu pode continuar de pé, ou uma cabana de bambu pode balançar facilmente com o movimento da terra e voltar ao normal depois que o tremor tiver acabado? Ao contrário do edifício de tijolos, essas estruturas não estão em ressonância com a vibração do terremoto e, de maneira relativa, não são afetadas por ele.

Como cientista, passei grande parte da minha vida adulta estudando vibrações. Vi provas do fenômeno físico da ressonância. E faz sentido para mim que esse princípio físico também se aplique ao mundo do pensamento, no mundo metafísico. Como a matéria, toda idéia ou crença deve ter uma certa taxa de vibração associada a ela. Cada vez que uma situação ou idéia surge em ressonância com alguma das nossas crenças, nós respondemos. Quando não há ressonância a resposta é mínima. Isso cria o nosso mundo.

Por exemplo, eu gosto de tempo chuvoso porque acho confortável ficar em casa e escrever com chuva. Meu marido, por outro lado, não gosta, pois não pode ir trabalhar de moto na chuva. As pessoas nas ruas parecem continuar com suas rotinas quase indiferentes ao fato de que está chovendo. Cada um de nós responde à chuva de acordo com sua natureza.

É fácil ver a lógica no exemplo da chuva, mas descobri que o princípio da ressonância ainda vai além. Por exemplo, não gosto de pessoas grosseiras. Ninguém gosta — mas sou particularmente sensível e acho difícil deixar que façam comentários rudes pelas minhas costas. Quando um vizinho que eu mal conheço quase me arrancou a cabeça por causa de um problema no nosso prédio que não era minha culpa, eu fiquei realmente magoada. Mas, mesmo sentindo que estava certa, a lei da ressonância me diz que eu não teria nem percebido o quanto essa pessoa é grosseira, se não tivesse raiva e crítica dentro de mim. Que choque foi isso, mas depois de ver o quanto uma grande estrutura é abalada *apenas* com a vibração certa, como eu poderia ignorar a possibilidade de que eu estava, de alguma forma, sintonizada com o mesmo comportamento grosseiro?

Eu decidi ligar para o meu vizinho e descobrir por que ele pensou que eu tinha causado o problema. Ele não estava em casa e, ao deixar um recado com a esposa dele, descobri que eles tinham tido uma briga feia imediatamente antes de ele me encontrar. Se eu soubesse disso na hora, não teria levado seus comentários a um nível tão pessoal. Mas em vez de considerar que deveria haver outro motivo para sua ilógica explosão de raiva, fui convencida pela sua idéia de que, de alguma forma, eu tinha culpa.

Campos inteiros da engenharia se devotam a projetar estruturas que não entrem em ressonância com energias indesejadas. O que eu aprendi com a notável compatibilidade entre a natureza da matéria física e o pensamento é que posso remodelar minha própria maneira de pensar para que ela fique em sintonia com o bom da vida. Apesar de que sempre haverá terremotos e tremores, eu não sentirei tanto seu impacto; e quando uma grande cantora de ópera soar aquela nota especial, serei tocada pela ressonância do prazer pela música.

Karen

> *Conhecemos a verdade não apenas pela razão, mas também pelo coração.*
>
> Blaise Pascal

Pergunta 22
Você está prestando atenção na sua intuição?

Se aceitarmos a premissa que permeia este livro — de que há apenas a Vida Única e que somos todos expressões dela — então é lógico assumirmos que, como não somos separados de nada, temos acesso a tudo. E, como somos todos feitos da mesma matéria, somos todos intuitivos, quer percebamos ou não. Tudo bem, então a intuição é real. Mas o que ela é e como podemos usá-la?

Vamos parar um minuto. Não há dúvidas de que vivemos em um mundo de causa e efeito. Chove em abril, e, então, os narcisos começam a florir. Uma nação declara guerra a outra e milhares de pessoas morrem. Quando realmente acreditamos que merecemos amor, encontramos o parceiro que tanto queríamos. A profunda compreensão dessa lei natural nos leva à inevitável conclusão de que as causas pertencem ao reino interior, enquanto as manifestações tangíveis do mundo exterior são os efeitos. Na terra dos efeitos, a "razão", ou a lógica, é o rei, mas no mundo interior, onde tudo começa, a "intuição", ou conhecimento direto, é a rainha.

Quando começamos a lidar diretamente com as causas, em vez de com os efeitos, nossa intuição se desenvolve naturalmente, sem nenhum esforço consciente da nossa parte. Entendemos espontaneamente por que criamos certas situações e como sair delas, ou atrair ainda mais dessas situações, sem torturar nosso cérebro ou sem precisar ler incontáveis manuais de auto-ajuda. Não precisamos buscar conselho fora de nós a cada vez que temos um problema, o que nos poupa de usar e abusar das amizades e reduz as contas telefônicas pela metade! A única maneira de aprender a usar sua intuição é ouvi-la, receber seu conselho e ver o que acontece. Tenha em mente, porém, que os resultados não são sempre destinados a satisfações de curto prazo. Sua intuição sabe tudo o que há para se saber sobre tudo, então mantenha a fé. Logo você verá como a vida pode ser bem mais fácil (e divertida) para um ser espiritual.

> *Não há nada tão absurdo a ponto de não poder ser tomado como verdade, se for repetido com freqüência.*
>
> William James

Pergunta 23
De onde você tirou essa idéia?

Não há um único ser humano que não tenha tido alguma experiência com boatos, tanto como a vítima quanto como perpetrador de informação dúbia. Como resultado, todos sabemos muito bem como é fácil espalhar boatos e como é difícil desdizê-los. Quando uma idéia está na boca de todo mundo, ela parece tomar a aparência de um fato estabelecido, mesmo que seja completamente infundada. Observar esse fenômeno social nos faz perguntar quantas supostas "verdades" da nossa própria mente estão lá simplesmente porque as ouvimos freqüentemente. Gostamos de pensar que temos discernimento e não somos tão crédulos, mas se vários médicos e comerciais de TV nos dizem que este é um período de gripe, será que não vamos começar a espirrar e a tossir? Se as notícias nos dizem que o país está em crise, não vamos encarar nosso trabalho com medo e suspeita, temendo o pior? É como se estivéssemos hipnotizados: se alguém diz que somos galinhas, começamos a cacarejar. O poder que há dentro de cada um de nós é indiferente às idéias que temos e as efetivará no mundo físico como são, independentemente de serem verdadeiras ou falsas, úteis ou destrutivas. Por isso, convém sermos cuidadosos com aquilo que pensamos e nos certificarmos de que nossas crenças permaneçam à luz da razão.

Portanto, julgue sua saúde por aquilo que *você* sente e não pela atitude prevalecente do período. Aproxime-se do sucesso pisando com o pé direito, pois, se sua empresa fechar, você será o primeiro a ser indicado para outro emprego. Em outras palavras, não aceite todas as sugestões que aparecem no seu caminho. E da próxima vez que você se ver cacarejando como uma galinha, pergunte-se quem foi o "Zé Mané" que lhe deu essa idéia e lhe dê um metafórico chute no traseiro.

UMA PÁGINA DA VIDA
Mantras do Dia-a-dia

As pessoas adoram fazer piada de mantras. O simples pensamento de dizer alguma coisa positiva para elas mesmas conjura imagens de Stuart Smalley (também conhecido como Al Franken) dizendo "sou bom, sou esperto e, diabos, as pessoas gostam de mim". Quer percebamos ou não, ou quer admitamos ou não, quase todos nós temos mantras. Mas ao mesmo tempo que alguns são encorajadores, outros são bem deprimentes. Fizemos algumas pesquisas informais e elaboramos uma lista dos dez mantras mais negativos usados no dia-a-dia. Uma vez que você perceba o quanto essas frases influenciam sua vida, Stuart Smalley não vai parecer tão ruim, afinal de contas.

10. **Que se dane.** — Convenhamos, nós nos importamos com o que acontece, não?
9. **Não dá para confiar nas pessoas!** — Pode até ser verdade, mas precisamos enfatizar isso?
8. **De novo não!** — Ainda não nos cansamos de ser vítimas?
7. **Melhor não arriscar.** — Melhor quando é dito do que quando é vivido — a não ser que planejemos nunca sair de casa.
6. **Por que isso sempre acontece quando estou atrasado?** — Queremos realmente fazer o que estamos fazendo quando tanta coisa surge no meio do caminho para atrapalhar?
5. **É por isso que o nome disso é trabalho!** — E ainda queremos saber por que odiamos nosso trabalho.
4. **Não agüento mais.** — As coisas estão assim tão ruins, ou estamos apenas resistindo ao que está acontecendo no momento.
3. **Não tenho sorte.** — Não vá para Las Vegas com essa atitude.
2. **Estou morrendo de vontade.** — Por que ninguém diz "estou vivendo de vontade"?
1. **Merda!** — Este mantra simplesmente fede!

Karen e Tami

Não agonize. Organize.
Florynce Kennedy

Pergunta 24
Em torno de que você organiza sua vida?

Mesmo que você se julgue a pessoa mais desorganizada do mundo, garantimos que você organiza sua vida em torno de alguma coisa. Às vezes estamos conscientes do que fazemos, como quando treinamos para uma maratona correndo regularmente, comendo alimentos energéticos e levantando pesos. Outras vezes, somos motivados subconscientemente, como quando um adolescente rebelde insiste que sabe o que está fazendo, mas na verdade está fazendo qualquer coisa para irritar os pais. Não importa se nossas metas são elevadas ou sem nenhuma ambição, agradáveis ou baseadas no medo, estruturamos nossa rotina e estilos de vida de acordo com elas. Uma vez que essas estruturas estejam no lugar, seus fortes limites nos mantêm sintonizados com nossa meta.

As estruturas da nossa vida demoram um pouco para serem erigidas e quase o mesmo tempo para serem destruídas, mas não devemos temer reconstruí-las se percebemos que nos cristalizamos ao redor de algo inatingível (um retrato da mais famosa top model, que nem mesmo ela seria capaz de reproduzir), ilógico ("serei feliz quando ganhar na loteria") ou que não desejamos mais ("tenho de ficar noiva para me casar no último ano da faculdade"). A organização é um instrumento poderoso que funciona em vários níveis — individualmente, em grupos e na sociedade. Vale a pena, portanto, considerar a questão — "em torno de que você organiza sua vida?".

Fazemos sem fazer e tudo acaba sendo feito.
Ralph Blum
The Book of Runes

Pergunta 25
Por que você acha que precisa fazer alguma coisa?

A abordagem das autoras com respeito à iluminação tem a ver com usar todos os recursos disponíveis para melhorar a vida. Apesar da crença prevalecente de que toda situação requer alguma forma de ação, às vezes o melhor recurso que temos é esperar pacientemente. Mas esperar sem nos sentirmos como se estivéssemos desistindo de algo por causa do medo exige uma expectativa genuína de que as coisas vão acontecer naturalmente sem a nossa intervenção. Todos conhecemos os óbvios ciclos da vida — estações, marés, nascimento e morte — mas até que vivamos altos e baixos o suficiente para sabermos que até mesmo situações muito desfavoráveis finalmente passam, tendemos a arrancar os cabelos tentando trabalhar em meio a uma recessão econômica, uma crise pessoal ou até mesmo um dia ruim. O ritmo é uma lei da natureza, e é muito melhor trabalhar a favor da lei do que contra ela. No final, a natureza sempre ganha.

Então, se você não está se sentindo bem, dê ao seu corpo um tempo para que ele possa se recuperar; se você não tem um encontro no sábado à noite, leia aquele romance que você ainda não teve tempo para começar e espere a maré baixa passar. E se as coisas, em geral, não parecem estar dando certo para você, experimente deixar o pêndulo da vida oscilar e calmamente reoriente-se na direção que você deseja ir. Então, quando o pêndulo voltar, como sempre acontece, você terá o peso da lei do ritmo a seu favor.

UMA PÁGINA DA VIDA
A Vida no Parquinho

Até há pouco tempo, eu tinha horror de ir ao parquinho com minha filha, Sophia. Desde que ela aprendeu a andar, eu me sinto compelida a vigiar cada movimento seu, como um falcão, desesperada para não a deixar cair do trepa-trepa e quebrar a cabeça ou os bracinhos e perninhas. Eu não era a maior atleta do mundo quando criança e, quando Sophia aprendeu a descer escadas, eu me curvava de medo a cada vez que ela punha um pé na frente do outro. Eu não conseguia tirar a imagem dela caindo da pequena escada ao lado do escorregador. Meus únicos momentos de paz eram passados ao lado do balanço, pois eu podia controlar completamente a experiência da minha filha. Para deixar as coisas ainda piores, com poucas exceções, as outras mães e babás eram inamistosas, distraídas e extremamente tensas. Alguns dias eram melhores do que outros, mas em geral eu teria preferido ir ao dentista ou ao ginecologista em vez de no parquinho. Muitas mães de crianças com a idade de Sophia, inclusive minha pediatra, confirmaram meu pressentimento de que o parquinho é um lugar hostil e cheio de perigos. Concluí — de maneira contrária a todo o meu treinamento espiritual e minha intuição — que minha percepção era *verdadeira*, o que fazia eu me sentir desesperançadamente condenada a fingir que me divertia, temporada após temporada, enquanto agonizava preocupada com o bem-estar da minha filha.

Uma manhã, por algum motivo, acordei de bom humor e decidi que deveríamos ir ao parquinho. Sophia já tinha estado lá diversas vezes com a babá e nunca voltou para casa com um único arranhão, por isso resolvi dar ao parquinho mais uma chance. Quando chegamos lá, ficou óbvio que Sophia não precisava que eu ficasse como uma sombra atrás dela o tempo todo. Ela completaria três anos em julho e agora já era uma velha profissional. Ela se exibia balançando nas barras do trepa-trepa e correndo bem rapidamente. Minha filha era a poderosa chefona e determinava o que eu devia fazer. Ela não queria que eu ficasse sentada observando. Ah, não. Eu tinha de ser uma participante ativa. Devo ter contado até dez um milhão de vezes, enquanto Sophia e três outras crianças brincavam interminavelmente de esconde-esconde comigo — era sempre eu que "batia cara". Fizemos desenhos na calçada com giz, descemos no escorregador e finalmente nos sentamos para almoçar — tudo sem um joelho esfolado e sem uma única imagem assustadora surgindo na minha cabeça. Quando voltamos para casa, percebi que as mesmas pessoas do ano anterior estavam no parquinho, mas pareciam mais felizes, amistosas e relaxadas. Fiquei espantada com a independência que brotava em Sophia e completamente feliz porque o parquinho tinha mudado tanto em apenas um ano. A melhor coisa disso tudo é que eu não precisei fazer porcaria nenhuma para que isso acontecesse. No parquinho, as coisas aconteceram naturalmente.

Tami

*Todos os mortais tendem a se transformar
naquilo que fingem ser.*

C.S. Lewis

Pergunta 26
Você é um corpo, uma mente ou uma alma?

Ouvimos muito a respeito de nos equilibrarmos física, mental e espiritualmente. Isso acontece porque a maioria de nós tende a favorecer um desses aspectos mais do que os outros dois. Nós criamos esse questionário para descobrir se sua abordagem principal à vida deriva do seu corpo, da sua mente ou da sua alma. Responda as seguintes perguntas para determinar seu perfil espiritual.

1. **O que você mais gosta de ler?**
   a. romances românticos
   b. o último artigo sobre um fenômeno científico inexplicável
   c. um relato real sobre a experiência da vida de alguém

2. **Você se sentiria insultado se alguém pensasse que você é:**
   a. intelectualmente inferior
   b. não tão bonito(a)
   c. nenhuma das alternativas, você não se importa com o que os outros pensam

3. **Qual atividade você mais gosta?**
   a. discutir política/religião/o último episódio de *Sex and the City*
   b. criar uma nova receita/pintura/maneira de fazer alguma coisa
   c. comprar um brinquedo novo/vestido/móvel na sua loja favorita

4. **Você vê duas pessoas discutindo agressivamente na rua, sua primeira reação instintiva é:**
   a. ignorar — não é da sua conta
   b. ficar fora do caminho, caso a situação fique fora de controle
   c. pára para ouvir e descobrir por que estão brigando

5. **Quando você lê a história Alice no País das Maravilhas, você:**
   a. tenta imaginar a sátira social e política que há por trás da história
   b. fica arrebatado com o lugar bizarro e os personagens surreais
   c. retira algum sentido ou moral das experiências da Alice

6. **O que melhor descreve sua atitude em face de oposição?**
   a. sempre luto para defender o que é meu
   b. tento chegar a um acordo primeiro, mas luto por justiça, se for preciso
   c. primeiro procuro a lição a ser aprendida com a situação; a solução normalmente fica clara depois disso

7. **Como você gostaria que fosse o epitáfio do seu túmulo?**
   a. ele(a) viveu a vida que quis
   b. ele(a) foi atraente até o fim
   c. ele(a) realizou tudo o que devia

Contagem
1. O que você mais gosta de ler? ( ) a corpo ( ) b mente ( ) c alma
2. Você se sentiria insultado se alguém pensasse que você é: ( ) a mente ( ) b corpo ( ) c alma
3. Qual atividade você mais gosta? ( ) a mente ( ) b alma ( ) c corpo
4. Você vê duas pessoas discutindo agressivamente na rua, sua primeira reação instintiva é: ( ) a alma ( ) b corpo ( ) c mente
5. Quando você lê a história Alice no País das Maravilhas, você: ( ) a mente ( ) b corpo ( ) c alma
6. O que melhor descreve sua atitude em face de oposição? ( ) a corpo ( ) b mente ( ) c alma
7. Como você gostaria que fosse o epitáfio do seu túmulo? ( ) a alma ( ) b corpo ( ) c mente

Conte o número total de respostas corpo, mente e alma. Aquele que tiver o maior número é o seu perfil dominante.

RESULTADOS

Corpo

Você é um tipo corpo, vivendo sua vida em grande parte voltado para o seu eu físico. O foco no corpo pode se manifestar de várias formas, desde a intensa necessidade de proteger e preservar seu corpo até a busca de prazeres intensos como esportes, comida ou sexo. As pessoas do tipo corpo sentem-se em casa no mundo material. Você também tende a acreditar que sem seu corpo você não é nada. Conscientize-se de que, se você colocar muita energia no seu eu físico, você pode descuidar da sua verdadeira natureza espiritual.

Mente

Você é um tipo mente, vivendo sua vida em grande parte voltado para seus pensamentos e para o intelecto. O foco no intelecto freqüentemente se manifesta numa abordagem analítica do mundo ao seu redor. Enquanto sua habilidade de raciocinar o ajuda a realizar muitas coisas, tenha cuidado para não se atolar em teorias interessantes para perceber que, acima de tudo, você é um ser espiritual.

Alma

Você é um tipo alma, vivendo sua vida em grande parte voltado para seu eu espiritual. O foco na alma se manifesta numa tendência de ver todas as coisas como interligadas. Você tende a acreditar que tudo acontece por algum motivo e que vale a pena estudar esse motivo. Você valoriza a experiência e o conhecimento acima de tudo e passa a vida testando suas crenças espirituais para saber se elas fazem sentido. Seu desafio é aprender a lidar eficientemente com outras pessoas mais voltadas para o corpo e para a mente.

> *Os homens são atormentados com a opinião que eles têm das coisas e não pelas coisas em si.*
>
> Michel de Montaigne

Pergunta 27
Como é possível ser espiritualizado se vivemos num mundo tão hostil?

AIDS, pobreza, regimes fascistas, depressão, racismo, guerra. Por que alguém iria querer abrandar essas horríveis realidades louvando o poder "divino" que as causou — *se* é que esse poder existe? Ironicamente, o próprio ato de ignorar o mundo porque não gostamos do que vemos é o que faz com que a situação fique tão desesperadora. Você já ouviu a frase, "se você não vota, não tem o direito de reclamar de quem foi eleito"? O sistema eleitoral (apesar das falhas) não foi feito para apoiar um partido ou programa em particular — é um procedimento para dirigir nosso poder pessoal para realizarmos o que queremos em sociedade. De maneira semelhante, a vida é imparcial e só faz sentido quando decidimos como orientá-la. Se não nos esforçamos para alimentar aquilo que é bom na vida por meio de pensamentos, palavras e ações, então não devemos nos surpreender quando o mundo parece ser um lugar muito inóspito. É preciso coragem e iniciativa para buscar o bom. Às vezes, o aspecto positivo de uma situação é latente — apenas percebido quando alguém (talvez você) toma ações construtivas para ajudar. Mas, se tudo o que fazemos é sentar e ficar falando sobre como as coisas andam ruins, não realizamos nada para sairmos ou tirarmos os outros dessa situação horrível. O peso do mundo só é aliviado quando reconhecemos nosso próprio poder para efetuar até mesmo a menor mudança, e focar nossa energia em realizar isso. Quando bastante gente faz a mesma coisa, vemos soluções para os problemas num nível global. Isso é ser espiritual.

UMA PÁGINA DA VIDA
Eu e a Aldeia

O Jewish Museum da cidade de Nova York realizou uma exposição dos primeiros trabalhos do pintor Marc Chagall. As pinturas, muitas das quais nunca tinham sido exibidas na América do Norte, eram do período em que Chagall viveu na sua cidade natal, Vitebsk, que era então parte do Império Russo. Meu avô materno veio dessa mesma aldeia e era mais ou menos da mesma geração. Viver na Rússia no final do século XIX não era nenhum piquenique. Chagall achou consolo na arte, e a família do meu avô encontrou salvação no álcool caseiro que produziam para os cossacos, em troca de terem sua casa poupada de ser saqueada. Finalmente, porém, a situação política ficou muito tensa para ser controlada com vodka, e a família resolveu fugir.

Vovô sempre nos contou a história sobre sua viagem da Rússia, quando era um menino de dez anos. Ele veio num grande navio, e a memória mais vívida da travessia era o cheiro horrível. O barco parou em Londres, onde vovô viu uma loja de departamentos pela primeira vez. A visão da Harrods foi tão espetacular que ele nunca se esqueceu dela. A família chegou em Nova York, em Ellis Island — a história clássica de imigrantes. Meu avô estava com conjuntivite e ficou detido na imigração até que uma parenta que já vivia em Nova York viesse buscá-lo, trazendo consigo prova de que tinha meios para cuidar dele.

Vovô costumava falar de Chagall como se fossem velhos amigos, apesar de nunca terem se encontrado. Quando éramos crianças, ele nos dizia que a famosa pintura de Chagall "Eu e a Aldeia" era da sua cidade natal, na Rússia. Eu imaginava meu avô correndo por campos azuis, com vacas voando no ar e telhados deformados em todas as casinhas, como na pintura.

À medida que vovô ficava mais velho, as histórias da sua ligação com Chagall se tornaram mais complicadas. Na década de 1970, ele tentou escrever para Chagall em Paris. Vovô dizia que queria agradecê-lo por ter inspirado a família a deixar o *shtetl*. Mas o endereço estava errado e a carta foi devolvida. Então, na década de 1980, o Philadelphia Museum of Art fez uma grande exposição de Chagall que coincidiu com a morte do artista. Minha mãe e eu pegamos o vovô e fomos de carro até Filadélfia. Fizemos todos os tipos de pergunta sobre a "velha terrinha". "Era assim que era?" "Sua família tinha vacas?" "Os cossacos já foram na sua casa?" Nossa curiosidade não tinha fim. Vovô olhou algumas pinturas e resumiu tudo para nós:

"Sabem, eu era um garotinho quando parti. Não me lembro de tantas coisas assim."

E isso foi tudo sobre as histórias da família. No seu aniversário, no final dos anos 1980, dei-lhe um calendário com pinturas de Chagall, e ele olhou direto nos meus olhos e disse dramaticamente:

"De todos os artistas no mundo você escolheu justamente Chagall. Ele foi responsável pela minha vinda para os Estados Unidos."

Então, ele baixou a cabeça e fez uma pausa. Quando meu avô estava com noventa e poucos anos, era quase como se Chagall o tivesse trazido pela mão até Ellis Island.

Embora vovô tentasse atribuir uma certa aura de fantasia à história, eu sabia que a família dele tinha vivido numa época de perigos e incertezas, o que sempre me deixava triste. Sempre há muitos eventos aparentemente horríveis que podem destruir o corpo e ferir o espírito, mas, para mim, as ações motivadas pelo ódio sempre foram mais difíceis de entender. Infelizmente, a história do meu avô não é a única. Eu encontrei um sobrevivente do holocausto pela primeira vez no ensino fundamental. Ele era o pai de um amigo — um homem simpático, cujo ar jamais teria revelado seu passado. Fiquei aturdida e triste — incrivelmente triste pelo que ele tinha sofrido. E tem sido assim com pessoas do mundo todo. *Angela's Ashes* (As Cinzas de Angela), uma história impressionante de sobrevivência e esperança, deixou-me com um nó na garganta e cheia de empatia pelos pobres da Irlanda. Da mesma forma, histórias da família do meu sogro tentando fugir de Xangai antes da revolução comunista me deixam boquiaberta. Mas, na verdade, as pessoas que encontrei ou de quem ouvi falar são aquelas que tiveram sorte. Elas sobreviveram e continuaram para viver vidas relativamente boas, enquanto muitas outras não sobreviveram, ou ainda hoje vivem em condições horríveis.

Essa tristeza que há no mundo me tocou muito profundamente quando eu era criança e eu queria realmente entender como as pessoas podiam tratar umas às outras de maneira tão cruel.

Os relatos do meu avô sempre me irritavam porque eu queria mais fatos — mais informações sobre o que tinha acontecido com ele e como ele tinha escapado. De alguma maneira, se eu pudesse analisar a situação, eu talvez pudesse entender e ter algum controle, ao menos na minha mente. Mas ele nunca queria falar sobre nada sério demais. Acho que eu estava mais interessada no seu passado do que ele mesmo.

Como adulta, cheguei à conclusão de que eu teria de abandonar um pouco dessa tristeza ou ela me paralisaria. Assim, voltei minha atenção para temas menos impactantes e mais imparciais. Tornei-me uma cientista e, embora falte um pouco de calor humano, a consistência das leis físicas foram um grande conforto para mim. Estudei o que acontece com edifícios durante os terremotos e fui capaz de observar filmes de devastação espetacular com um objetivo claro. O lençol freático era alto, o terremoto fez a terra tremer, a água liquefez o solo e o edifício desmoronou. Era poderoso e destrutivo, mas também estava de acordo com as leis da natureza e era impessoal. Era, de algum jeito, fácil para mim perguntar, "OK, o que podemos fazer para resolver esse problema?" Quando eu não levava o problema para o lado pessoal, eu não dizia, "como a terra se atreve a tremer e ferir todas essas pessoas inocentes!". Às vezes era trágico, mas eu sabia que a terra era imparcial e que entrava em erupção sempre e onde quer que fosse necessário liberar tensão física.

Gosto de pensar que um pouco do meu trabalho contribuiu para construir estruturas mais seguras em algum lugar do mundo. Esse sentimento de realização é um contraste forte com a desesperança que eu sinto sob a maldição da perseguição humana. Talvez a atitude serena de vovô sobre seu passado fosse seu jeito de não levar aquilo para o lado pessoal. Hoje, percebo que não agi corretamente ao esperar que ele desse margem à uma experiência que na verdade não valia a pena conservar. Ele nunca negou sua herança, nem quem era, mas ele se recusava a se identificar com um passado horrível, e talvez essa recusa foi o que evitou que seu passado se tornasse seu futuro.

Karen

> *Por que eu tenho a impressão de que algum dia estarei descrevendo isto a um psiquiatra?*
>
> Lisa Simpson, do desenho *Os Simpsons*.

Pergunta 28
O que significa ser espiritualizado quando todos ao meu redor agem como idiotas?

Quando você resolve ter uma vida mais pacífica, a primeira coisa que nota é que a maioria das pessoas ao seu redor não está na mesma sintonia. Você percebe que, só porque *você* mudou, isso não significa que sua família ou amigos estejam morrendo de vontade de fazer o mesmo. Na verdade, eles provavelmente estão um pouco bravos com você porque você não é mais a pessoa infeliz de quem eles costumavam ter pena. Isso quer dizer que você não pode mais conviver com eles? Não, mas será necessário firmeza para resistir ao período de transição que segue toda grande mudança pessoal.

O primeiro passo é ter compaixão. Somos limitados pelas nossas crenças e experiências de vida. Se aqueles à sua volta nunca transformaram uma situação mudando sua própria atitude interior, então eles podem não entender de onde vem sua "positividade" recém-descoberta. O segundo passo é olhar para você mesmo com honestidade. O comportamento deles é maçante porque você ainda está suscetível a acessos de negatividade. Se você levar a sério a proposta de viver mais pacificamente, então terá de lidar com os outros de maneira mais pacífica e aceitar que eles têm maneiras diferentes de fazer as coisas. Mas, e a chave está aqui, enquanto você se adapta em um nível, em outro você deixa estar. Quando alguém age como um idiota, a capacidade de rir com essa pessoa, compreendê-la ou aceitá-la sem julgar evita que você seja arrastado para a situação anterior. No início, isso pode exigir algum esforço, mas, finalmente, você conseguirá sua "distância" espiritual e, longe de influências, sua paz interior não será mais perturbada facilmente. Uma vez que estabeleça seu próprio rumo na trilha da paz, você atrai novas pessoas e situações mais afinadas com sua nova perspectiva. Você também achará mais fácil manter relacionamentos com alguns dos velhos "pessimistas negativos" que são importantes na sua vida e gostará deles ainda mais por terem tolerado seus momentos "idiotas" ao longo do caminho.

Não desejo, porém, nada além daquilo que tenho:
Minha generosidade é tão ilimitada quanto o mar,
Meu amor, tão profundo; quanto mais vos dou,
Mais tenho, pois ambos são infinitos.

Julieta
Romeu e Julieta, de William Shakespeare

Pergunta 29
Onde está minha alma gêmea?

Nossa cultura é obcecada pela idéia do amor romântico, mas o processo na vida real de encontrar a pessoa "certa" pode ser frustrante. Enquanto algumas pessoas têm dificuldade para encontrar parceiros amorosos, outras nunca parecem estar sem uma constante corrente de pretendentes. Mas, em qualquer um dos casos, o "amor verdadeiro" continua sendo esquivo. Em um nível mais profundo, todos desejam a união com a pessoa amada. E, se a fusão com o divino é a meta verdadeira, não há dúvida de que ficar abraçado em frente à lareira com uma pessoa real tem seus méritos. Encontrar o amor não precisa ser um sonho impossível. Experimente o seguinte método e veja o que acontece.

1. **Crie uma imagem**
   A dimensão física é um reflexo do nosso mundo interior; portanto, se queremos alguma coisa, temos de criar um retrato de-

talhado do que desejamos e acreditar que podemos conseguir essa coisa. Vamos começar com a imagem — anote todos os atributos que você deseja num parceiro amoroso. Inclua os seguintes detalhes:

a. Características físicas, como idade, altura, peso e quaisquer detalhes de saúde ou habilidades físicas que você gostaria que seu parceiro tivesse.

b. Profissão/ocupação, situação financeira e quaisquer características de estilo de vida que são importantes para você, como se você quer morar numa casa/apartamento, na cidade/campo/subúrbio, ter ou não filhos, etc.

c. Qualidades mentais e emocionais, tais como inteligência, educação, se é uma pessoa introvertida/extrovertida, gentil, amorosa, compassiva, aberta, etc.

d. Crenças religiosas/espirituais.

2. **Torne-se a imagem**
Em seguida, transforme-se na sua imagem. Por exemplo, se você deseja alguém atlético, financeiramente estável, amoroso, urbano, então é melhor acomodar essa imagem à sua própria vida — saia do sofá, economize algum dinheiro todo mês, seja boa com você mesma e com os outros e passe algum tempo na cidade. Então, por meio da lei da atração — os iguais se atraem —, você colocará as energias em movimento para manifestar sua imagem. Se isso não for tão fácil de fazer, não se desespere. Muitos de nós têm crenças complexas e por vezes contraditórias

sobre o amor, que estão freqüentemente enraizadas na nossa mente inconsciente. Às vezes, essas crenças são sobre nosso próprio valor pessoal: "tenho medo de ser amoroso, até ter certeza de que meu amor será correspondido"; por vezes são apenas contradições comuns: "desejo alguém muito bem-sucedido, mas não quero que passe o tempo todo trabalhando". A melhor maneira de descobrir no que você *realmente* acredita em termos de amor é tentando se transformar na sua própria versão do parceiro amoroso perfeito. Se você não pode se transformar naquilo que quer atrair, você tem duas escolhas: torne-a real — ajuste sua imagem para se adaptar mais próxima do que você é agora —, ou mude — modifique suas crenças sobre quem você é. De ambas as formas, você sai na frente.

UMA PÁGINA DA VIDA
O Amor da Minha Vida

Giuseppe Scorcia é o amor da minha vida. Nós nos conhecemos num bar na rua Houston, em Nova York, alguns meses depois que completei trinta e um anos. Sempre tive um pouco de receio de bares, por isso nunca passou pela minha cabeça que encontraria o amor da minha vida em um bar. Minha atitude esnobe (e falta de conhecimento das leis da natureza) me fez crer que encontraria meu príncipe num lugar de nível mais alto, talvez no Museu de Arte Moderna ou em Versailles. De qualquer maneira, era o Dia da Bastilha e eu estava com a minha querida amiga franco-americana, Lucinda. Estávamos conversando *en français*, e fiquei surpresa e feliz ao ver que a minha fala fluía, graças, sem dúvida, a algumas taças de chardonnay. Giuseppe, que também era amigo de Lucinda, se aproximou de mim e também começou a conversar em francês. Fiquei emocionada porque ele pensou que eu fosse francesa e ainda mais entusiasmada quando descobri que ele era italiano. Nunca percebi o quanto minha atração por homens estrangeiros era profunda até minha mãe me lembrar de que eu disse a ela, quando criança, que não me casaria com um americano. Ainda penso no que me fez recusar meus conterrâneos numa idade tão tenra; talvez uma parte de mim já soubesse como minha história iria se desdobrar.

Mesmo da primeira vez que falei com Giuseppe eu sabia que ele era alguém especial. Tive, porém, um problema imediato. Eu estava me recuperando de uma relação com um homem que eu tinha realmente amado. Ele não era estrangeiro, mas tinha uma qualidade mágica que eu tive medo de nunca encontrar de novo. Além de falar francês e espanhol, ele falava português do Brasil. Muitas mulheres gostam de homens com dinheiro ou com uma casa de frente para o mar, mas eu gosto de caras que conseguem conversar com os nativos daquele que considero o país mais lindo e diversificado do mundo. Minha mente pode ser francesa, mas meu coração é brasileiro. Quando criança, eu visitei o Brasil e me apaixonei pelo povo, pela paisagem e pela cultura. Gostei tanto da língua que a estudei durante três anos na faculdade e, quando meu namorado e eu terminamos, chorei histericamente para minha amiga Julia, "nunca mais encontrarei um homem que fala português". Julia me disse que eu encontraria, e eu acreditei nela.

Depois de algumas semanas batendo papo no telefone, resolvi que eu tinha de tomar uma iniciativa com relação a Giuseppe. Como é natural em alguém que se formou numa faculdade só para mulheres, convidei-o para sair. Conversamos durante horas, e, quando cruzamos a Sétima Avenida na altura da rua Bleecker, ele mencionou que tinha morado e trabalhado no Brasil. Pensei que não tinha entendido direito.

"Você fala português?", perguntei.

"Claro!", respondeu ele. Meu coração parou de bater.

Depois dessa revelação, eu me deixei apaixonar por esse homem maravilhoso e generoso. Mas o incidente que selou o acordo ainda me faz tremer, quando penso a respeito. Enquanto viajávamos pela Long Island Expressway, falávamos de Pittsburgh, minha cidade natal. Giuseppe disse:

"Uma vez, quando eu ia para West Virginia, parei em Pittsburgh para conhecer um lugar chamado The Institute for the Study of Cycles (Instituto de Estudo dos Ciclos). Você já ouviu falar dele?"

Eu gritei tão alto que ele quase bateu o carro. Quando me acalmei, expliquei que, quando era adolescente, eu tinha ficado tão influenciada por um livro chamado *Cycles: The Mysterious Forces that Trigger Events* (Ciclos: As Forças Misteriosas que Desencadeiam os Eventos) de Edward R. Dewey e Og Mandino que me tornei uma sócia do instituto do qual ele estava falando. Eu nunca tinha visitado o instituto, mas fiquei tão envolvida com o assunto que minha família ainda hoje brinca comigo por causa disso. Nós calculamos que Giuseppe, que visitou o instituto provavelmente na mesma época em que eu estava lendo o livro, também ficou muito influenciado pelo assunto. Logo que voltamos da nossa viagem a Long Island, liguei para meus pais para lhes contar a história. Eles ficaram boquiabertos.

"Quem mais além do seu homem", disseram, "falaria português do Brasil e teria lido aquele livro?"

Giuseppe e eu temos muitas outras coisas em comum. Ele tem um MBA em marketing e, logo depois que nos conhecemos,

113

eu me tornei a coordenadora de marketing de um escritório de direito. Somos ambos apaixonados por música e teatro. Temos opiniões semelhantes sobre política e religião. Nós dois tínhamos estudado Terapia dos Conceitos. Um pouco antes de fazermos nossa primeira viagem para sua cidade natal na Itália, tive um sonho vívido (e preciso) com uma das cidades vizinhas, mesmo nunca tendo ido para lá. Depois de termos dito e feito tudo, foram, porém, nossas diferenças que deram a prova final da nossa compatibilidade. Giuseppe sente-se muito confortável na dimensão física, sem temores, de fato. Também é inacreditavelmente paciente. Sou uma pessoa intuitiva, mas impaciente. Nos dez anos que estamos juntos, ele me ajudou a me sentir mais confortável no mundo "real" e, graças ao seu exemplo, minha paciência melhorou consideravelmente — o que é um tremendo presente.

Eu posso ver agora que levei trinta e um anos para encontrar Giuseppe porque minha imagem de mim mesma, e, portanto, dele, ainda não estava completa até então. Todos os dias, quando olho nos belos olhos do meu marido, a verdade do Princípio da Vida Única me é revelada. Nós não somos duas metades que formam um todo. Nós somos um.

Tami

> *Quando algum infortúnio nos ameaça, considere séria e deliberadamente o que poderia acontecer de pior. Tendo olhado esse possível infortúnio de frente, dê a você mesmo bons motivos para pensar que, apesar de tudo, ele não seria um desastre assim tão terrível. Esses motivos sempre existem, uma vez que, na pior das hipóteses, nada que acontece a uma pessoa tem importância cósmica.*
>
> Bertrand Russell
> *The Conquest of Happiness*

Pergunta 30
Quer aprender a arte do pensamento triangular?

Muitos de nós, quer percebamos quer não, têm uma visão negativa da vida. Não é culpa nossa; fomos treinados para ver as coisas dessa forma desde a infância. Somos educados para sermos crianças boas e cautelosas, que nunca falam com estranhos por medo de que nossas fotos fiquem imortalizadas nas fotos de crianças desaparecidas que circulam em todos os lugares. Quando ficamos mais velhos, nossas religiões reforçam a idéia de que coisas más acontecem a pessoas boas (dê mais uma olhada a Jesus na cruz). Nossa educação também faz um bom trabalho na manutenção do medo (lembra-se dos registros que os professores faziam sobre freqüência e comportamento na sua caderneta escolar?). Na época que entramos no mercado de trabalho, estamos paralisados de medo, mas bem preparados para as doses constantes e intermináveis de tensão financeira, emocional e física. Parece familiar?

Acredite ou não, na verdade há um caminho simples para sair dessa perspectiva bitolada da realidade. Aprenda a dominar a arte do pensamento triangular. Em vez de dar carta branca à sua mente para viajar para sempre na estrada da negatividade, reprograme seu cérebro para ver as coisas de maneira mais aberta. Em qualquer situação, é nossa escolha ver as coisas como positivas, negativas, ou neutras. Essa é a perspectiva triangular da realidade material. Como acreditamos que somos primeiro e antes de tudo seres materiais, tendemos a categorizar tudo na vida como bom, mau ou indiferente, levando em conta como isso nos afeta, e não como essa coisa é em essência. Por exemplo, a maioria das pessoas classificaria uma forte enchente como uma coisa "má" e, para aqueles diretamente afetados, certamente parece uma coisa horrível. Mas, para os milhares de bombeiros e voluntários do mundo todo, que trabalham incansavelmente para ajudar os outros quando há desastres, essa é uma oportunidade para fazer o "bem". Aqueles de nós que não estão envolvidos ficam à parte, especialmente se não lemos o jornal ou se não assistimos o noticiário na TV. Em um nível mais profundo, a cheia é simplesmente uma ocorrência natural e periódica. Em outras palavras, ela simplesmente "existe". A chave da abordagem triangular é jogar com ela até vermos claramente que os eventos assumem o significado que atribuímos a eles. Quando tivermos de encarar uma crise como do tipo de uma enchente, em vez de entrar em pânico, podemos escolher adotar o propósito de um bombeiro ou encontrar alguma objetividade espiritual para passarmos pela crise. Dê a si mesmo umas férias da sina e do desânimo. A vida não é uma linha reta, com o bom e o ruim, ou com a vida e a morte, em cada ponta. É mais como um triângulo. Então, vá para fora e explore um novo ângulo.

Parte 3

Uma Visão da Realidade que é um Verdadeiro Chute no Traseiro

Nas Partes 1 e 2, vimos que mudar a nossa perspectiva altera a realidade. Esse é o nosso poder espiritual e é a chave para conseguirmos o que queremos e para nos livrar do que não queremos. Mas é um chute no traseiro. Opiniões que eram fortemente mantidas se tornam questionáveis e, no final, dispensáveis. A Parte 3 é um convite para continuar a quebrar idéias limitantes e, ao mesmo tempo, para começar a se divertir com nossa recém-descoberta capacidade de ver os lados diferentes de um problema. Quando não estamos agrilhoados às nossas crenças, a vida se torna muito mais interessante.

Parte 3

Uma Vezes da Sogra, de que é Inveterada, a Chute na Bacia

> *A Caminhada Espacial do Gemini 4*
> *Em 3 de junho de 1965, o astronauta do Gemini 4, Ed White, tornou-se o primeiro americano a sair da espaçonave no espaço. Depois de três minutos, acabou o combustível da sua arma manual a gás usada para impulsioná-lo, e White manobrou por meio de torções do corpo e de puxões no cordão umbilical de oito metros que o supria de oxigênio da espaçonave.*

Centro de Dados de Ciência Espacial Nacional
Centro de Vôo Espacial Goddard da NASA

Pergunta 31
Quem está na outra ponta do seu cordão umbilical?

Todos nós temos uma fonte de poder que nos alimenta durante toda a nossa vida, como um feto é alimentado por meio do cordão umbilical. Se tivermos consciência disso, podemos escolher ligar nosso cordão a algo vasto como a sabedoria das eras ou o poder da Natureza, que pode criar tudo, de idéias a montanhas (algumas pessoas chamam esse poder de Deus). A parte complicada, porém, é que, quando deixamos o útero e nos tornamos mais envolvidos com a nossa individualidade, perdemos de vista o grande universo de onde viemos e começamos a ligar nosso cordão a outras fontes de poder que podem não nos servir tão bem. A maioria de nós se liga a coisas temporais — nosso trabalho, nosso lar, nossa família, saúde, aparência, capacidades — que fenecem com o tempo ou que são, às vezes, abruptamente tiradas de nós. Alguns infelizes não se ligam a nada e caem em desespero ou passam a vida toda tomando antidepressivos. Com que você está ligado e que sustenta a sua vida? O que, ou quem, está na outra ponta do seu cordão umbilical? Vale a pena sempre se lembrar de que você é parte de um universo grande e poderoso, e que um pouco desse poder pode estar fluindo para o seu umbigo agora mesmo.

> *Ponha sua mão sobre um fogão quente por um minuto e vai parecer que se passou uma hora. Sente-se com uma bela mulher por uma hora e parecerá que só se passou um minuto. Isso é relatividade.*
>
> Albert Einstein

Pergunta 32
Se o tempo é um conceito relativo, por que o deixamos ditar a nossa vida de maneira tão absoluta?

O tempo não é uma coisa real. É um instrumento inteligente que inventamos para fazer planos com outra pessoa, como nas ocasiões em que dizemos "vamos nos encontrar para uns drinques às oito". Mas freqüentemente atribuímos ao tempo mais importância do que ele tem e deixamos que ele defina nosso desenvolvimento. Cada idéia nova, cada meta, precisa de um período de gestação, e a verdade é que nem todos têm a mesma tabela de tempo. Você já se envolveu demais com alguma coisa a ponto de não perceber quanto tempo se passou? É em situações como essa que estamos verdadeiramente em contato com nosso próprio instinto com relação ao valor do que estamos fazendo. Quando começamos a nos comparar com os outros ou com algum conceito de tempo "baseado em estatística", começamos a duvidar de nós mesmos e nos desligamos da nossa própria intuição. Portanto, a próxima vez que você proclamar sua fé de que sua sorte vai mudar por causa do seu novo e positivo ponto de vista, não se zangue se ela não mudar da noite para o dia. Mostre à força vital espiritual que você entende do negócio, mantendo-se fiel à sua resolução até que a vida responda.

UMA PÁGINA DA VIDA

No Tempo de Christmas Island

Na nossa lua-de-mel, em 1994, meu marido e eu fomos a uma remota ilha do Pacífico chamada Christmas Island. Ela faz parte da República de Kiribati (pronuncia-se *Kiribas*), que, até 1999, era dividida ao meio pela Linha da Data Internacional. Essa foi a primeira dica de que lá o "tempo" era um conceito bem diferente. A Air Nauru faz uma viagem de ida e volta semanal de Honolulu até a nação de Nauru, parando em Christmas Island ao longo da rota. Você chega numa terça e pode partir na segunda-feira seguinte, se tiver sorte. Enquanto esperávamos para embarcar, no aeroporto de Honolulu, o agente de viagens nos explicou que na ilha as coisas aconteciam mais devagar. Nosso vôo foi interessante, um tanto desconcertante e muito engraçado. O piloto e o co-piloto têm turnos de descanso na cabine principal, onde almoçam servidos pelos comissários de bordo. Quando aterrissamos, pediram-nos que permanecêssemos no avião para que fosse feito o "controle de insetos", que consistia em um homem descalço e de shorts vaporizando sobre nossa cabeça com uma pequena lata de *Raid*.

Depois de uma semana pescando com linha, um esporte mais para meu marido do que para mim, eu estava pronta para ir embora da ilha. Tínhamos terminado um almoço de despedida com nosso anfitrião, em Londres — a ilha tem apenas três cidades, Londres, Paris e Banana — quando o funcionário do telégrafo veio nos dizer que nosso avião estava atrasado. "Quanto tempo?", perguntamos achando que seria bom darmos uma parada de doze horas em Honolulu antes do nosso próximo vôo. "Não sei", respondeu ele. Tentamos reformular a pergunta:

"Qual foi o maior atraso que o avião teve?"

"Cinco semanas", respondeu ele.

Conforme as informações chegavam, nos dois dias seguintes, soubemos que o rei de Nauru precisara do avião para transportar seu time de futebol a um torneio. Teríamos, portanto, de ficar presos lá, com nossas provisões diminuindo, até que eles perdessem um jogo ou, pior ainda, conseguissem chegar até as finais do torneio, no final da semana. Foi um atraso de quatro dias, nada mal, se comparado a cinco semanas, mas grande o bastante para nos fazer perder a conexão e todas as reservas subseqüentes. Quando chegamos em Honolulu, o mesmo agente de viagens que tinha nos avisado profeticamente sobre o ritmo vagaroso das ilhas nos saudou e passou os dias seguintes fazendo novas reservas para nossa viagem de oito semanas. Resmungando sobre o contratempo, não vimos muita vantagem nessa falta de preocupação com o tempo.

Seis anos depois, a linha da data internacional foi mudada para fazer com que Christmas Island tivesse o mesmo fuso horário que o resto de Kiribati. Esse grupo de ilhas foi a primeira nação a saudar o ano 2000, e suas cerimônias ao amanhecer foram transmitidas para o mundo todo. A música tranqüila e as mensagens pacíficas do povo de Kiribati se destacaram em meio ao nervosismo e às ameaças de terrorismo que infestavam como pragas grande parte do mundo industrializado, conforme a meia-noite se aproximava. Foi só então que percebi que essa eloqüente simplicidade é difícil de acontecer em nações onde os aviões sempre aterrissam na hora certa.

Karen

> *(Os narcisistas) inconscientemente negam uma auto-imagem não declarada e intoleravelmente pobre por meio da inflação. Eles se tornam figuras brilhantes de imensa grandeza cercadas por muralhas psicologicamente impenetráveis. O objetivo desse auto-engano é se manterem inacessíveis às altamente temidas críticas externas e ao seu próprio mar turvo de dúvidas.*
>
> Elan Golomb
> *Trapped in the Mirror*

Pergunta 33
Um pouco de narcisismo pode fazer bem à alma?

O amor-próprio autêntico é a mais elevada expressão do Princípio da Vida Única. Mas vivemos num mundo onde reina a dualidade. Como conseqüência da poderosa ilusão de que estamos separados e somos diferentes uns dos outros e do nosso Criador, pode ser difícil sentir qualquer tipo de amor, quanto mais o amor puro, incondicional, que deriva da união com tudo o que existe. A busca espiritual, a jornada ao Único, é um passeio de montanha-russa através das aparentemente impenetráveis muralhas que construímos para preservar e ressaltar nossa vacilante percepção do eu e a insegura ligação à nossa individualidade e características próprias. Nós, seres humanos, somos personagens complicados. Nossa natureza animal não almeja nada além da sobrevivência; a realidade dos problemas da vida não é levada em conta. Nossa psique quer proteção (e às vezes vingança) dos desagradáveis bastardos que nos privam de um "ego saudável". Mas nossa natureza espiritual não quer nada da realidade externa, pois sabe que isso não existe. Ela simplesmente nos faz ir em frente, apesar dos (ou talvez por causa deles) obstáculos que nossa natureza animal e psíquica colocam no nosso caminho. Ela nos incita a amar, a aceitar, a curar, a nos render de uma vez por todas para que finalmente sejamos capazes de ver aquilo que sempre fomos — perfeitas e indestrutíveis centelhas de Deus.

> *"Sua mãe e seus irmãos estão lá fora, chamando você."*
> *E ele (Jesus) respondeu:*
> *"Quem são minha mãe e irmãos?"*
> *E olhando para aqueles sentados à sua volta, ele disse:*
> *"Aqui estão minha mãe e meus irmãos! Quem quer que cumpra a vontade de Deus é meu irmão, irmã e mãe."*
>
> Marcos 3: 32-35

Pergunta 34
Você é minha mãe?

Você se lembra do livro infantil *Are You My Mother?* (Você É Minha Mãe?), de P. D. Eastman? É uma grande história sobre um passarinho que, quando sai do ovo, descobre que a mãe não está lá para tomar conta dele. Ele sai à procura dela, mas, como não sabe como ela se parece, passa direto por ela. Ele pergunta a vários animais se eles são sua mãe, mas sem sucesso. No final, o passarinho volta ao ninho. Agora que adquiriu alguma experiência sobre a vida, ele sabe que é um pássaro e reconhece sua mãe quando ela chega com uma minhoca para ele comer. Essa história é simples, mas a mensagem é espiritualmente profunda: até sabermos quem somos *nós*, não podemos reconhecer ninguém pelo que é. Não é segredo que a vida é uma jornada cheia de altos e baixos. Às vezes, ficamos tão perdidos nos caminhos supostamente errados que achamos que escolhemos, que acabamos culpando nossos pais pelos nossos "erros". Ao mesmo tempo que isso é compreensível por causa da nossa propensão moderna de atribuir culpa, é um desvio que nos atrasa e evita que vejamos o quadro por completo. Só nós somos responsáveis pela nossa vida, não importa se a nossa mãe esteja ou não esperando por nós. A idéia pode não ser confortadora, mas é intensamente libertadora. Se somos completamente responsáveis por nós, então somos livres para escolher a vida que queremos viver e não somos obrigados a representar qualquer papel ou a fazer quem quer que seja feliz. Quando encaramos a vida como uma aventura de autodescoberta, ficamos livres para transcender nossa infância e ver nossos pais como eles realmente são, seres espirituais exatamente como nós, lutando para compreender como as coisas funcionam.

> *O processo do prazer sexual é, por si, o processo da vida. Isso não é uma maneira de falar; é um fato provado por experimentos. A ansiedade, enquanto direção básica oposta à da sexualidade, coincide com o processo de morte.*
>
> Wilhelm Reich
> *A Função do Orgasmo*

Pergunta 35
Existe sexo depois da morte?

Somos uma espécie que vive severos conflitos. Falamos sobre a importância de uma vida sexual saudável, mas, quando crianças, a maioria de nós é desencorajada a se masturbar, sofre lavagem cerebral para temer a intimidade física e é estimulada a "só dizer não". Reprimir o instinto sexual natural não resulta em um nível moral mais elevado, conforme nossa ética judeu-cristã nos fez acreditar. Em vez disso, ela cria condições para uma visão da sexualidade distorcida e pornográfica que iguala o ato do amor físico com a violência e a morte. Até mesmo achamos que evoluímos, pois falar da morte não é mais um tabu. Mas, de fato, o quanto avançamos? Na guerra, ficamos de luto pelos nossos mortos, enquanto usamos a mais moderna tecnologia para matar nossos inimigos. Processamos pessoas que acreditam no direito de morrer que tem um doente terminal, enquanto nos preparamos para a próxima execução de um criminoso. Gastamos milhões de dólares "educando" o público sobre a necessidade de prevenir doenças por meio de mamografias, papanicolaus e exames de próstata anuais para evitar a morte, mas não somos capazes de imaginar por que tantas formas de câncer atingem os órgãos sexuais. Pode ser chocante, mas "só dizer não" poderia ser a raiz do problema?

Somos criaturas tanto espirituais quanto biológicas. O impulso sexual também é o impulso criativo e é o meio pelo qual a vida cria e sustenta a si mesma. Quando nos permitimos amar — emocional, física e espiritualmente —, rendemo-nos à vida e experimentamos a unicidade da existência. É irônico, mas, quando morremos, também nos rendemos. Talvez seja por isso que os franceses chamam o orgasmo de "pequena morte". É por meio da rendição que experimentamos a Vida Única e aprendemos que, apesar das aparências, a morte não existe. Não é nem saudável nem espiritual ser rígido, asceta e temeroso. A próxima vez que você sentir impulso de viver, amar ou se render, simplesmente diga sim.

UMA PÁGINA DA VIDA

Meu World Trade Center

Estou sentada aqui, quase três semanas depois do ataque terrorista ao World Trade Center, pensando na minha vida. Como todo mundo, minhas emoções foram da raiva à depressão — e isso ainda não acabou, pois nosso governo se prepara para uma guerra contra o terrorismo. Vai demorar pelo menos seis meses para retirar o entulho dos destroços do World Trade Center — a âncora da paisagem nova-iorquina. Toda vez que olho através da Sétima Avenida, tenho vontade de chorar. É claro que lamento pelas pessoas que morreram no ataque e por aquelas que perderam amigos e parentes, mas não consigo acreditar que choro por causa de um bem imobiliário. Por que sou tão ligada a esse símbolo de poder e grandeza feito pelo homem? Afinal de contas, sempre achei que as torres gêmeas fossem bem feias, em um nível estético. O que está acontecendo?

O World Trade Center pode não ter sido bonito, mas sempre que eu via as torres à distância, sentia-me confortável, protegida e segura. A cada vez que eu voltava de carro de Pittsburgh, minha cidade natal, que fica a apenas 130 km do local atingido pelo quarto avião seqüestrado, meu coração pulava logo que eu via as torres gêmeas. Nova York é o meu lar adotivo, a cidade da minha vida adulta. Já moro aqui há mais tempo do que em qualquer outro lugar e me considero nova-iorquina com orgulho. Não sou uma pessoa patriota, mas sou intensamente apaixonada pela Big Apple, sua energia e seus habitantes. Vim para cá sozinha. Conheci meu marido aqui. Tive minha filha no St. Vincent, o mesmo hospital que, durante a esteira do desastre, tentou desesperadamente salvar vidas. Conheci Karen e passei a estudar a espiritualidade aqui. Nova York me recebeu em seus braços, encorajou-me e, conforme começo a ver cada vez mais, refletiu-me. Mas Nova York não acabou; apenas parte do centro da cidade foi afetado. Até mesmo a Bolsa de Valores já está funcionando de novo. Sei que eles reconstruirão o que foi destruído. Por que me sinto tão abalada?

Meu primeiro emprego em Nova York foi quase ao lado da Bolsa de Valores, saindo da Wall Street. Eu trabalhava como assistente de advogados no antigo escritório de advocacia de Richard Nixon, o que era meio estranho para uma garota que cresceu em passeatas contra a guerra e ouvindo sobre Watergate. Eu dizia a todos que pensava em me tornar uma advogada, mas apenas dois dias depois de começar a trabalhar já sabia que não havia jeito. Não que a advocacia não seja uma profissão admirável; o problema é que eu sabia que não tinha a ver comigo. No fundo, eu sabia que finalmente minhas inclinações artísticas e criativas iriam tirar o melhor de mim. A atmosfera num escritório de advocacia da Wall Street é intensa. Os advogados da empresa não são as pessoas mais tranqüilas do mundo. Mas, de fato, nem eu sou, o que provavelmente é o motivo para eu ter acabado lá. Também sou adaptável. Tinha de ser. Em um ano fui promovida a supervisora. Fiquei muito orgulhosa por ser a mais jovem e com menos tempo de casa com relação aos funcionários dos quais eu era chefe. Meu ego estava nas alturas — talvez tão alto quanto as torres gêmeas.

Dois anos e algumas promoções depois, deixei o escritório de advocacia e comecei uma nova carreira em outra parte da cidade, longe dos elevados monólitos do bairro financeiro. Tornei-me uma caça-talentos nas áreas de finanças e contabilidade. Eu odiei o emprego, mas tomei a decisão de não fracassar. Tendo fincado pé na trilha espiritual, empreguei toda a minha força e aprendi a fazer uma centena de telefonemas frios por dia para ganhar dinheiro. Depois de um ano, tive a sorte de conseguir um emprego bem melhor na rua 59, como diretora regional de uma escola de advogados executivos com sede em Filadélfia. Eu trabalhava em contato próximo com a matriz, mas em grande parte também me dedicava aos meus projetos particulares. Eu viajava e escrevia para revistas e boletins de negócios e dava seminários. Desenvolvi meu próprio estilo de aconselhamento profissional e construí uma imagem sólida para a escola na área de Nova York. Comecei a correr mais riscos na minha vida pessoal e iniciei lições de canto. Então, exatamente quando tinha me realizado, pessoal e profissionalmente, a empresa para a qual eu trabalhava começou a ir mal, e decidi sair. Passei alguns meses miseráveis num outro emprego na área de recolocação, mas, daí, saltei com fé para a minha vocação e parei de trabalhar para cantar e escrever um livro com uma amiga muito querida. Isso quase me quebrou. Eu chorava todos os dias. Não tinha nenhum dinheiro entrando e tive momentos difíceis tentando controlar meus intensos sentimentos de insegurança. E, então, o livro não deu em nada. Minha música, minha mãe e meus amigos me sustentaram. Minha busca espiritual se intensificou. Quando tudo parecia perdido, as torres gêmeas me fizeram voltar para mim mesma.

Voltei para a firma de direito onde comecei minha carreira. Mas o emprego não era do mesmo nível daquele que eu deixara seis anos antes. Foi um golpe gigantesco no meu ego. Onde estava a grande proteção do vizinho World Trade Center? Eu teria de reconquistar o sentido de segurança e bem-estar. Antes de eu sair pela primeira vez, a firma tinha se mudado para um prédio alto com vista para o rio East. Como não era advogada, eu tinha um escritório sem vista para o mundo exterior. E, mesmo da minha localização isolada, senti o alvoroço do ataque ao World Trade Center, em 1993, mas continuei trabalhando naquele dia, embora muitos tivessem decidido deixar o local, pois minha intuição me dizia que eu estava a salvo. Eu estava prestando atenção nela, já naquela época, e tentando sintonizar meus ideais espirituais com a minha vida diária, uma meta que ainda estou tentando conquistar. Depois desse acontecimento horrível, alguma coisa mudou dentro de mim. Comecei a entender que as mudanças são inevitáveis e que eu não tinha de tomar a vida de maneira tão pessoal. Minhas emoções não eram lentes confiáveis para eu examinar o mundo, como eu supunha que fossem. Minha visão de mundo não era baseada em fatos objetivos; era simplesmente o resultado da minha natureza e da minha experiência. Percebi que, se quisesse ser feliz, eu teria de abrir mão de tudo e, então, ver como seria o mundo. À medida que fui abrindo mão, novas oportunidades surgiram. Em um ano, eu tinha um novo emprego na firma como coordenadora de comunicação e um escritório com uma janela. Minha vista não dava para o World Trade Center, mas para o Brooklin, a direção do sol nascente.

Saí desse emprego depois de um ano. Tinha chegado ao fim da linha. Era a hora de eu cantar, escrever, de viver longe da proteção do passado e da sombra do World Trade Center. Para mim, ele era um símbolo gigante de autoridade externa e de um estilo de vida que já não funcionava para mim. Ironicamente, não muito tempo depois de eu ter saído, a firma de direito onde eu tinha chegado à maioridade e que tinha acabado de completar seu 126º aniversário ruiu sob o peso de tantos egos. Seis anos depois, o World Trade Center também não existe mais, vítima de uma sangrenta guerra global de egos. Imagino o que construirão em seu lugar — o que eu construirei em seu lugar.

Tami

> *Se uma mulher tiver de escolher entre pegar uma bola alta ou salvar a vida de uma criança, ela escolherá salvar a vida da criança sem nem ao menos considerar se há um homem na base.*
>
> Dave Barry

Pergunta 36
Por que a mulher não pode ser mais como um homem?

Há uma expressão grosseira iídiche que se traduz mais ou menos assim: "se a vovó tivesse saco, ela seria o vovô". É usada para sugerir que "se" não é uma condição muito confiável, mas também achamos que ela responde nossa pergunta. Todo processo criativo requer dois elementos chaves — a idéia e a execução, a semente e a germinação, o cliente que quer um novo banheiro e o empreiteiro que o constrói. Como seres humanos, rotulamos a nós mesmos e a todos os outros organismos de acordo com o papel que têm na procriação da espécie — o macho tem a grande idéia e a fêmea a executa. Na vida diária, porém, cada um de nós pende para um lado ou para o outro, independentemente do sexo. Mas qualquer "homem de idéias" que não tenha paciência de esperar pela execução não consegue realizar nada, e qualquer pessoa que se ocupa com atividades sem considerar o objetivo também não terá muito para mostrar pelos seus esforços. Quando os princípios masculino e feminino não estão em cooperação dentro de nós, entre grupos ou até mesmo entre nações, acabamos com uma guerra dos sexos metafórica. É como tentar plantar sem usar sementes, ou construir um banheiro sem um empreiteiro. Não vai funcionar. O processo do pensamento seguido de ação é um modelo de construção do nosso universo criativo. Domine essa arte e nada será impossível, mas negue-a e você se desligará do potencial para se harmonizar com todo o poder criativo. Assim, toda vez que desejarmos que o yin do mundo fosse mais como o yang, ou vice-versa, lembre-se de que, se todas as avós tivessem saco, não haveria netos!

> *O inferno não é um castigo imposto externamente por Deus, mas a condição resultante das atitudes e ações que as pessoas adotam na vida.*
>
> João Paulo II
> Audiência Geral, Vaticano, 28 de junho de 1999

Pergunta 37
Quer viver no inferno? Se você vivesse lá, estaria em casa agora.

A boa notícia é que o inferno não é uma câmara de tortura subterrânea administrada por demônios com tridentes. A má notícia é que ele está muito mais perto de casa. Na sua peça, *Sem Saída*, Jean-Paul Sartre disse, "o inferno são as outras pessoas". E ele estava certo, no sentido de que as outras pessoas refletem nosso próprio estado mental, todos os minutos, todos os dias, sem interrupção. Quando alimentamos raiva, ciúme, inveja, avareza, medo, crítica, vaidade, engodo, egoísmo, preocupação ou preconceito, nos colocamos no inferno, cercados por diabos na forma de outras pessoas. Mas, quando alimentamos sentimentos como amor, paciência, dedicação, respeito, gentileza, fé, simpatia, coragem, perdão, aspiração, generosidade e esperança, colocamo-nos no paraíso, cercados por anjos. Todas as grandes tradições espirituais ensinam que nossa natureza fundamental é espiritual, não material. Portanto, quando nos identificamos completamente com a realidade material e negamos (consciente ou inconscientemente) nossa verdadeira identidade espiritual, estamos no inferno. Colocado de maneira direta, o inferno é uma escolha que fazemos a cada momento — não um lugar. Se você está no inferno agora, não se desespere, você pode ir para o céu num piscar de olhos.

UMA PÁGINA DA VIDA
Jornada para a Alma

Tive algumas discussões de alto nível com o diabo.
Virou um debate infernal.
Não foi fácil, mas o convenci de ver o seu caso.
Apesar de se recusar a prever seu destino,
Disse que você teria de aprender a nadar contra a corrente,
Ou se acostumar a ser isca para peixes maiores.

Outro dia, encontrei o grande cara — você sabe quem.
Ele tentou mudar o curso da História.
Começou com sua mãe, um anjo e um sonho.
Expus sua situação para ele, embora ele pudesse dispensá-lo só por malvadeza.
Ele pensou por um instante, antes de se voltar para mim e dizer:
"Odeio ter de admitir, mas o Príncipe das Trevas está absolutamente certo."

Sabe, falei com muitos outros, alguns menos conhecidos,
Buda, Krishna, Alá e até mesmo Jeová não sabiam.
Tentaram achar uma rota de fuga — uma saída do seu inferno.

A discussão continuou por horas, até eu, finalmente, quebrar o encanto.
Todos simpatizavam com a natureza da sua dor,
Mas nenhum deles podia salvar você dessa luta necessária.

É uma viagem dura, essa jornada para a alma.
Às vezes, o reflexo no espelho parece zombar de você e das mentiras que você contou.
Acabei de me acostumar a tropeçar no escuro, há uma hora.
Se pudesse dar uma mão, eu daria — tentei intervir,
Mas, depois de tudo, meu amor, você tem de encontrar sua própria estrada.
Tudo o mais é só um sonho.

Tami

> *Tecnologia é o truque de arranjar o mundo
> de forma que não o experimentemos.*
>
> Max Frisch

Pergunta 38
Quem precisa de ligação espiritual quando se tem a Internet?

Da lâmpada às armas nucleares, da máquina que separa as fibras da semente do algodão aos alimentos geneticamente modificados, a tecnologia sempre foi uma faca de dois gumes. A atitude que prevalece é que a tecnologia nos torna melhores, mais fortes e nos dá mais conforto, desde que não nos mate, nem nos corrompa moralmente durante o processo. Enquanto os avanços científicos caem na categoria "não posso viver com isso; não posso viver sem isso", o motivo para esse paradoxo pode ser mais espiritual do que pensamos. Por um lado, a tecnologia exemplifica alguns dos nossos ideais mais elevados. Se somos partes da Vida Única que está presente em tudo, é todo-poderosa e tudo sabe, então não é difícil imaginar de onde tiramos a idéia de que podemos cultivar nossas próprias plantas, fazer crescer partes do corpo e ter acesso a qualquer informação, a qualquer hora do dia, em múltiplas línguas. Estamos "brincando de Deus", por assim dizer, mas como partes da Vida Única, não é esse o papel que temos que representar? E, sim, se as coisas saírem do controle, podemos nos explodir durante o processo. Mas, embora possa soar estranho, isso pode não ser o pior. Afinal de contas, são nosso corpo e nossa mente que encontram sua *causa mortis*; a infinita realidade cósmica não vai a lugar algum. O perigo real surge quando ficamos apavorados ao pensar que não somos completos sem tecnologia — que não somos eternos sem cirurgia plástica ou transplantes de órgãos, ou que não podemos nos ligar uns aos outros sem a Internet. O medo nos tranca numa espécie de universo paralelo, no qual a tecnologia imita nossos poderes "concedidos por Deus", mas nos deixa cegos para a verdade de que a fonte do nosso poder criativo sempre esteve e sempre estará dentro de nós.

> *Assassine logo uma criança no berço, em vez de alimentar desejos hediondos.*
>
> William Blake
> *The Marriage of Heaven and Hell*

Pergunta 39
A vida é uma prisão de segurança máxima?

Bem, com certeza ela se parece com uma, quando você não está vivendo a vida que queria viver. O que faz com que não nos expressemos livre e abertamente no trabalho, nos relacionamentos e até mesmo quando estamos sós? O que faz com que não realizemos nossos maiores sonhos e aspirações? Medo, medo e mais medo. Temos medo de que os outros desaprovem nossos desejos mais secretos. Temos medo de que não sejamos bons o bastante para sermos felizes. Ficamos petrificados de não sermos capazes de pagar nossa hipoteca, contribuir com nosso plano de aposentadoria e fazer o que queremos ao mesmo tempo. Sob o poderoso jugo do medo, a vida é literalmente uma prisão. Mas, goste ou não disso, fazemos o papel do carcereiro e do encarcerado ao mesmo tempo. Podemos ter herdado esse medo de expressar a nós mesmos de nossos pais, professores, líderes religiosos, políticos e chefes, mas somos nós os responsáveis por continuar a repressão.

Somos livres para sair da prisão quando quisermos. Portanto, liberte-se. Sempre quis cantar? O que o impede? Você tem um chuveiro, não tem? Quer aprender *Swahili*? Matricule-se numa escola. Quer trocar seus tênis de corridas por sapatos de dança? Pois, faça. Não analise sua necessidade de se expressar nem a justifique para os outros. A vida não tem a ver com analisar as coisas. O girassol pensa se deve ou não se virar em direção ao Sol? Um bebê pesa os prós e contras de mamar no peito da mãe? A espiritualidade não tem a ver com impedir que nossos desejos se realizem. Tem a ver com viver nossa vida de qualquer jeito que quisermos. Aleluia.

UMA PÁGINA DA VIDA
Se Você Não Tem Sucesso da Primeira Vez

Quando eu estava no ensino fundamental, tive uma experiência que nunca esquecerei. Uma garota da minha classe, que era grande para sua idade e muito dura, começou a responder ao professor de maneira agressiva. Não me lembro sobre o motivo da discussão, mas tenho a impressão de que a menina não estava de todo errada. Temendo que a situação fugisse do controle, a professora pediu à pessoa mais obediente da classe — eu — para ir chamar o diretor. Eu não queria ser arrastada para essa situação, mas a professora estava gritando comigo para eu ir, e me submeti e fiz o que ela mandou. O diretor veio e arrastou a menina para sua sala; enquanto ela estava sendo arrastada para fora da sala de aula, ela me disse:

"Vou chutar seu traseiro por ter feito isso."

Fiquei petrificada. Passei o resto da semana em casa "doente", até que a situação se acalmou. Mas a pior parte era que eu sabia que a professora tinha me colocado numa má situação, mas eu fiquei com medo de enfrentar a autoridade.

Três anos depois, eu estava no último ano do ensino fundamental, e pareceu que a história iria se repetir. Uma garota da minha classe respondeu a uma professora de ginástica neonazista, que disse a ela que tirasse o uniforme e fosse para a sala do diretor. Percebendo que era mais provável que a garota fosse fumar um cigarro, se fosse deixada por conta própria, ela se voltou para a pessoa mais obediente da classe — mais uma vez eu — para se certificar de que a condenada teria sua sentença. Ah não, pensei, eu não iria mais cair na mesma armadilha. Meu coração disparou, e minha boca ficou seca, mas consegui pronunciar uma palavra, "não". A professora caminhou até onde eu estava com a paciência de um duro sargento e disse, "o quê?". A essa altura, todas as alunas tinham largado as bolas de vôlei e estavam olhando para mim. "Não é minha responsabilidade me certificar de que outra garota seja punida", disse eu. Ela chegou ainda mais perto, olhou para mim e começou a gritar alguma coisa sobre me dar uma última chance para fazer o que ela estava mandando. Eu podia sentir seu hálito nas minhas sobrancelhas, mas não fiquei com medo e não recuei. Finalmente, ela disse que eu podia acompanhar minha colega até a sala do diretor ou eu iria para lá para ser punida. Com a memória do outro incidente indelevelmente fixa na minha mente, sua última instrução soou como sendo boa para mim. Deixei a aula de ginástica e fui para o vestiário, onde imediatamente comecei a chorar. Através do meu pranto, ouvi uma voz, "você está bem?". Era a má aluna, aquela que eu deveria ter acompanhado. Olhei para ela e lhe disse o que tinha acontecido, e ela se sentou comigo até eu conseguir me recompor. Para minha surpresa, ela era uma boa menina e, para surpresa dela, eu não era uma fracote completa.

Saindo do vestuário, fui a um telefone público para ligar para a minha mãe. Eu achava que, se ela falasse com o diretor por mim, as coisas ficariam um pouco melhor. Mas ela me disse que eu tinha lidado bem com as coisas até aquele ponto e me encorajou a terminar o serviço. Enquanto eu falava com ela, o sinal tocou e os corredores ficaram cheios de crianças — crianças que batiam na cabine do telefone e faziam sinal de positivo com a mão por ter "dado uma bronca" na professora. Aparentemente, eu não era a única que tinha se sentido maltratada pela autoridade — mesmo aquelas que respondiam aos professores se sentiam como se ninguém as estivesse ouvindo, de fato.

Eu realmente fui ver o diretor e, em vez de me defender, disse que a professora me devia desculpas. Ele respondeu que não sabia se conseguiria providenciar isso, mas me disse para não me preocupar e que ele me entendia. Nunca recebi o pedido de desculpas, mas também não fui castigada. E a professora, para seu crédito, não pegou no meu pé durante o resto daquele ano letivo. Aprendi não apenas que nem sempre os adultos sabem o que é melhor, mas também que eu sabia o tempo todo o que era certo para mim. Encarei duas situações quase idênticas, nas quais sabia o que deveria fazer, mas uma vez cedi à pressão externa e a outra vez fui fiel a mim mesma. Ambas tiveram repercussão, mas a repercussão foi mais fácil de se lidar na vez em que eu segui minha própria noção do que era certo.

Karen

> *A vinda do Messias não depende de nada sobrenatural; depende, isto sim, do crescimento humano e da autotransformação. O mundo só será transformado quando as pessoas perceberem que o Messias não é ninguém além delas mesmas.*
>
> O Baal Shem Tov

Pergunta 40
Há um messias nesta casa?

Parece que estamos sempre esperando para sermos resgatados. Veja a nossa cultura. Primeiro, há a noção do príncipe dos contos de fada, que vão desde *Cinderela* ao filme *Uma Linda Mulher*. Depois, temos nossa relação de amor e ódio com a profissão médica, que se resume em colocarmos 100% da responsabilidade pela nossa saúde nas mãos de um médico, contra o qual nos voltamos e o processamos se as coisas não dão certo. E há ainda o nosso favorito, a loteria, aquela chance em um bilhão que nos salvará das nossas dívidas e dos nossos trabalhos maçantes e tornará nossa vida mágica. Essa necessidade profundamente enraizada é fundamental para muitas das grandes religiões do mundo. Ou estamos esperando por alguém que venha nos tirar deste inferno, ou, se ele ou ela já estiveram por aqui, esperamos pela sua volta para que, então, possamos continuar com nossa vida como seres eternos. Entrementes, afundamos cada vez mais na desolação espiritual, até que tenhamos algo equivalente a um ataque cardíaco espiritual e gritamos "Socorro! Socorro! Há um messias nesta casa?". E se, sem querer ser desrespeitosos, supuséssemos, apenas por um instante, que esses salvadores não existem nem no nosso mundo nem em qualquer outro? Se não houvesse médicos, provavelmente cuidaríamos melhor de nós mesmos e começaríamos a acreditar nos instintos que temos a respeito do nosso corpo. Se não houvesse loteria, possivelmente teríamos de encontrar empregos melhores ou pelo menos nos relacionarmos melhor com o que já temos. E, se não houvesse um messias, teríamos de buscar a iluminação por nós mesmos. Se tudo o que fazemos é ficar sentados esperando pela salvação, então não vai doer tentar "salvar" a nós mesmos. No mínimo, teremos algo para falar com o Messias quando ele finalmente chegar aqui.

> *A vida humana em comunidade só se torna possível quando uma maioria se une, tornando-se mais forte do que qualquer indivíduo à parte, e se mantém unida contra todos os indivíduos à parte. O poder dessa comunidade é, então, estabelecido como "certo" em oposição ao poder do indivíduo, que é condenado como "força bruta".*
>
> Sigmund Freud
> *Civilization and its Discontents*

Pergunta 41
O que é um pecadozinho entre amigos?

A maioria das pessoas não gosta de ficar sozinha por muito tempo ou de ser excluída das atividades principais. Nossa profunda necessidade da companhia de outras pessoas é uma força inconsciente, mas muito poderosa na nossa vida. Não importa o quanto somos fortes, é emocionalmente doloroso quando não temos ninguém para nos confortar quando acontece uma tragédia, ou com quem conversar quando estamos confusos, com medo ou nos sentindo sós. Estamos tão conscientes dos efeitos destrutivos de um prolongado isolamento de outros membros da nossa espécie que reservamos confinamento em solitária para os criminosos mais perigosos e resistentes. Mas não é necessário ser um convicto para sentir os efeitos do isolamento. Sempre que nos sentimos deslocados com relação ao grupo por sermos baixos demais, gordos demais, não tão inteligentes, não pertencer à classe, raça, sexo, origem étnica correta, somos profundamente afetados e de maneira negativa.

Pode soar simplista demais, mas, atrás de cada chacina nas escolas, ataque terrorista, revolução e holocausto há fortes sentimentos de desespero e de privação de direitos civis — o resultado de um desejo distorcido de pertencer a um grupo ou sociedade. Tanto as solitárias ações sociopáticas do Unabomber quanto a mentalidade genocida do partido nazista são ramificações desse desejo levadas ao extremo. Alguns dizem que o pecado original é a causa de todos os problemas da humanidade. Eles estão certos se definirmos o pecado original como a crença de que estamos separados da nossa fonte divina. Há apenas Uma Vida. Somos todos feitos da mesma energia, viemos do mesmo lugar e, em última análise, temos o mesmo destino. Somos todos o povo escolhido por Deus. Vamos usar nosso instinto para proteger e preservar uns aos outros, não para nos separarmos e nos destruirmos.

UMA PÁGINA DA VIDA

É um Mundo Louco, Louco, Louco

Estou sentada na beira de um rio, na Nova Escócia, com meu laptop, enquanto meu marido, Alex, pesca. Ele está tentando pegar um salmão atlântico, mas alguma truta casual também seria bem-vinda. Não gosto muito de pescar, mas aprecio ficar ao lado dele e escrever. A vista é espetacular, e uma pequena mosca castanha me acompanha, lealmente empoleirada ao lado da minha tela. Talvez ela também goste do calor do meu computador nesse dia fresco de fim de verão. Parte do motivo de eu não gostar de pescar é que não há um motivo justo para machucar os peixes. Como jantei salmão na noite passada, comer o peixe deve se qualificar de uma maneira centrada no humano como "motivo justo". Mas hoje em dia, a pesca com isca na América do Norte é principalmente capturar e soltar, e, mesmo quando não é exigido pela lei, Alex geralmente solta os peixes intactos, a não ser por um minúsculo furo nos seus lábios (de um anzol sem farpas), que ele diz que cicatrizarão em breve.

Alex e eu conversamos sobre a natureza da cadeia alimentar e se a pesca constitui um castigo cruel e incomum ou uma experiência única para os peixes, como se recebessem uma visita de alienígenas. "O que você poderia considerar", disse ele, "é que cada peixe que você fisga está tentando comer outra criatura viva, quando vai em busca da sua isca, portanto não se sinta mal." Um pensamento interessante. Mas para mim é como dizer que se é a favor da pena de morte porque está se matando assassinos — um argumento que, creio, apenas propaga a idéia de assassinato. No entanto, ele tem uma certa razão. Evidências da violência dos carnívoros está em todo lugar na natureza, e os leões não parecem se lamentar pelas zebras que dilaceram membro a membro. Então, onde traçamos a linha divisória entre o instinto natural e o comportamento eticamente evoluído? Se há algo que estou aprendendo nessa viagem natural, é que há algumas coisas bem loucas nesse mundo que são, de fato, totalmente naturais.

Voltemos aos peixes. Quando o salmão atlântico retorna ao rio para procriar, ele não come o tempo todo que está lá — o que pode chegar a doze meses. Esse incrível feito de nadar uma longa distância para, em seguida, procriar — tudo sem nenhum consumo de alimento — é uma maravilha da natureza. Mas a função mais provável desse instinto é proteger os filhotes de salmão, tanto ao preservar a fonte de comida no rio para os filhotes que estão crescendo, quanto ao evitar que os salmões adultos comam seus filhotes. Fiquei muito impressionada por esse mecanismo de

149

proteção, até que Alex me falou sobre outra espécie de peixe com a qual esse mecanismo não funciona tanto. Muitas espécies de água doce e salgada ficam sem comer por períodos de tempo mais curtos — até duas semanas — enquanto armazenam na boca os ovos que eclodem. Uma vez que seu apetite retorna, eles comem tudo o que aparece no seu caminho, o que às vezes é seus próprios filhotes que ainda não cresceram o suficiente para se proteger. Acho que isso demonstra que o funcionamento da Natureza não é pessoal. Nascimento e morte, a sobrevivência do mais adaptado e a cadeia alimentar se aplicam até mesmo quando isso significa um peixe comer seus próprios filhotes.

De maneira diversa dos animais, os seres humanos são indivíduos com consciência de si mesmos e com a habilidade de raciocinar e de suprimir os instintos carnais quando os interesses pessoais estão em jogo. Mas, vez ou outra, temos um retrocesso ao reino animal que realmente ofende nossa sensibilidade humana. Ontem, no rádio, ouvimos sobre um homem ao qual foi concedido o direito de visitar seu bebê sem supervisão e ele matou a criança na primeira visita que fez. Essa história é horrível, mas, considerando os instintos dos peixes, podemos realmente dizer que ela não é "natural"? Esses instintos mais básicos são parte da nossa herança evolucionária, portanto é compreensível que eles venham à tona de tempos em tempos, fazendo-nos esquecer de que tudo o que fazemos aos nossos semelhantes humanos, fazemos a nós mesmos. Mas uma vez mais a dor e a decepção que sentimos em simpatia por aqueles que foram feridos nos lembram dessa ligação novamente — talvez, portanto, haja um motivo para essa loucura.

Sempre haverá eventos na vida que desafiam a inteligência humana, mas estou começando a aceitar essas ocorrências como tão naturais quanto quaisquer outras coisas que possamos viver. Aceitar isso me conforta. Não que eu algum dia vá parar de tentar promover mais ações humanas, mas é horrivelmente doloroso (e terrivelmente presunçoso) pensar que o mundo é de alguma forma defeituoso porque nem todos concordam com minha afirmação. É tão absurdo quanto tentar convencer um peixe a entrar na panela.

Karen

> *A linguagem só pode lidar de maneira significativa com um segmento especial e restrito da realidade. O resto, que é presumivelmente a parte imensamente maior, é silêncio.*
>
> George Steiner

Pergunta 42
O que há por trás de um nome?

Imagine por um momento que não pudéssemos nos lembrar de como as coisas são chamadas e que tivéssemos perdido todas as noções preconcebidas de como as coisas devem ser. Teríamos de descrever tudo a partir da mais fundamental estrutura de referência, o que nos tornaria conscientes de como realmente pensamos sem a influência de opiniões convencionais. Quando nos referíssemos às pessoas, teríamos de explicar como elas se parecem, como falam ou como nos fazem nos sentir. Ir ao dentista poderia parecer uma experiência agradável ou, pelo menos, neutra, pois teríamos perdido toda a noção de que obturar uma cárie *deve ser* doloroso. A última moda poderia parecer totalmente bizarra, e o fato de ter sido comprada no departamento de alta costura do Barneys não nos influenciaria em nada. Teríamos de nos abster de falar de assuntos dos quais não entendemos muito bem para descrever, o que eliminaria a necessidade de coquetéis em todo o mundo. E mesmo que essa "amnésia de rótulos" tornasse as conversas confusas, ela nos livraria de ter de reconhecer aquilo que ainda não recebeu um nome e nos faria ficar face a face com tudo o que existe, simplesmente como é.

Tanto os cientistas teóricos quanto os grandes místicos vão além da língua e do conhecimento correntes para explorar novas fronteiras e, então, lutam para descrever aquilo que é indescritível. O "quark", por exemplo, é um rótulo dado a um conceito teórico que não pode, ainda, ser observado diretamente; a palavra céu descreve não um lugar, mas um estado potencial de ser que ainda não foi vivido pela maioria das pessoas. Novas experiências quase sempre desafiam definições passadas, assim é importante avaliar continuamente se nosso conhecimento, não importa o quanto possa estar profundamente entrincheirado na sabedoria convencional, é verdadeiramente aplicável a uma nova situação. Essa é a forma como evoluímos, tanto científica quanto espiritualmente. Pode parecer uma tarefa árdua sermos tão vigilantes, mas, ao pensar além dos rótulos, podemos ter sorte o bastante para fazer uma nova descoberta e, como recompensa, ter de batizá-la.

*É sempre mais fácil lutar por princípios
do que viver de acordo com eles.*

Alfred Adler

Pergunta 43
Você é hipócrita?

Dizemos que queremos paz e fazemos guerra. Dizemos que nos preocupamos com as crianças, mas parece que não conseguimos acabar com a pobreza. Dizemos a nós mesmos para relaxar, enquanto administramos cada segundo do nosso dia, temendo o que poderia acontecer se tivéssemos um minuto sem nada para fazer. O que é esse conflito dentro da alma humana que nos mantém escravizados aos nossos ideais, mas que não fornece energia para torná-los reais? Qual a causa da nossa auto-ilusão e hipocrisia que não trazem nada além de miséria? No centro do nosso ser, em um plano carnal, está o desejo por poder e controle sobre nosso ambiente. Isso é compreensível. No começo da história humana, o nome do jogo era sobrevivência. Aqueles que conseguiam derrotar o inimigo e manter sua comunidade segura eram os mais importantes membros do grupo e detinham mais poder.

Desde os tempos mais remotos, os humanos trocaram sua liberdade por segurança física e aprenderam a temer o que não compreendiam ou não podiam controlar. Mas o que era uma necessidade para o homem primitivo não traz nada além de dor para o homem moderno. Quando tememos a morte, não podemos evitar ansiar pela proteção que a autoridade externa e a sabedoria convencional prometem nos dar. Temos empregos dos quais não gostamos, mesmos que soframos de severa depressão. Vamos a médicos que nos prescrevem drogas que elevam nosso estado de ânimo e, então, descobrimos que nunca saramos. Mas há uma solução. Precisamos encontrar coragem para recuperarmos o poder sobre a nossa própria vida e para pensarmos por nós mesmos. Todas as falsas crenças, doutrinas abaladas, cenários amedrontadores e alianças com a autoridade externa têm de partir. De uma perspectiva espiritual, não há nada externo que precise ser superado ou controlado. Se quisermos superar a morte, devemos conquistar nossa própria natureza carnal e escolhermos a vida eterna. Quando somos verdadeiros com nós mesmos, estamos em contato com o divino. Podemos até ser chamados de hereges, mas ao menos não seremos hipócritas.

UMA PÁGINA DA VIDA

Cantando pela Minha Vida

Há tantas vidas
Escondidas debaixo da poeira
Eu finalmente acordei
Ouvi o chamado
Agora não vou parar
Não mais irei bater contra a parede
Um glorioso momento eu gritarei
Não posso censurar ou ensaiar
Não há ninguém vivo
Que possa editar o meu sonho
Estou cantando pela minha vida
Ah, você não pode ver
Tire tudo de mim agora
E nem mesmo isso me incomodará
Pois estou cantando
Estou finalmente respirando
Estou cantando pela minha vida

Tami

Aquilo que está embaixo é igual àquilo que está em cima, e aquilo que está em cima é igual àquilo que está embaixo, para realizar o milagre da coisa única.

Hermes Trismegisto
The Emerald Table

Pergunta 44
A eletricidade prova a existência de Deus?

O âmago da filosofia hermética é o axioma, "conforme em cima, também é embaixo; conforme é embaixo, também é em cima". Esse preceito filosófico fala da correspondência entre o divino e o mundano, do macro e do microcosmo, do mundo de idéias e da realidade física. Sugere que, ao observarmos as menores criações da Natureza, podemos ter lampejos intuitivos sobre o funcionamento misterioso do universo, ou, alternativamente, podemos determinar aquilo que realmente acreditamos ao examinarmos o que temos na nossa vida. O problema para muitos de nós é que intuímos que existe um Criador, mas nos é difícil provar sua existência ou sentir sua presença na nossa vida diária. Como uma hipótese, "conforme em cima, também é embaixo; conforme é embaixo, também é em cima" nos ajuda a ver que tudo é um mapa da Vida Única que nos permite reconhecer e sentir a presença, sabedoria e poder eternos de Deus em todos os lugares.

A eletricidade é um desses mapas. Toda matéria, orgânica e inorgânica, é feita de átomos, os quais contêm elétrons. O deslocamento dos elétrons dos átomos gera eletricidade, que é uma fonte de tremendo poder criativo. Além do mais, percebemos que os elétrons sempre sabem o que fazer — quer estejam fluindo de um átomo para outro para produzir eletricidade, quer estejam orbitando um núcleo em uma taxa de vibração específica numa molécula de água. E, como a energia não pode nem ser criada nem destruída, os elétrons são "eternos". Enquanto há uma correspondência clara entre a observação científica dos elétrons e nosso conceito do Divino, uma pergunta intrigante permanece. Deus fez os elétrons ou os elétrons são Deus?

UMA PÁGINA DA VIDA
A Lei do Pequeno é a Lei do Grande

Há muitos anos, foi-me oferecida uma promoção no trabalho que envolvia muito mais autoridade e responsabilidades. Uma vez passada a euforia da promoção, o pânico começou a se estabelecer — agora eu teria de me virar. Eu era uma engenheira com sorte o bastante para ter habilidade com pessoas — mas o que me fazia pensar que eu poderia planejar, fazer orçamentos e delegar por um departamento inteiro?

Liguei para o meu irmão, que é dois anos mais novo do que eu, e lhe disse o que estava acontecendo.

"Não tenho treinamento em negócios. Mais cedo ou mais tarde eles vão descobrir que não sei o que estou fazendo."

"Mas aí é que você está errada", disse-me ele. "Você sabe o que está fazendo. Lembre-se de que a lei do pequeno é a lei do grande."

Ele me lembrou de quando brincávamos de escritório na infância. Nós rabiscávamos notas em cartões e, então, os arquivávamos em caixas que nosso pai trazia para casa do escritório. Usávamos canetas de cores diferentes para trabalhos diferentes e escrevíamos "documentos" num jogo de páginas com papel carbono entre elas. Nós até mesmo batizamos a empresa, Hillside Corporation. Meu irmão geralmente era funcionário e, adivinhou, eu normalmente era a chefe. Eu estabelecia o jogo, decidia o que precisava ser feito e passava suas tarefas a ele e às vezes às outras crianças da vizinhança. Aquela capacidade administrativa estava em mim quando eu tinha nove anos, então o que me fazia pensar que eu não a tinha agora, muitos anos depois?

Lily Tomlin uma vez brincou que, se todos nos tornássemos aquilo que queríamos ser quando éramos crianças, o país estaria cheio de bombeiros, enfermeiras, policiais e bailarinas. Tendemos a ignorar nossos sonhos da infância porque são, digamos, infantis. Mas, de muitas maneiras, nosso comportamento infantil é a mais pura expressão de quem somos. Quantas vezes, na nossa vida adulta, permitimo-nos sonhar ou agir segundo a nossa imaginação de uma maneira totalmente desinibida? Se pudermos nos lembrar daquilo que éramos antes de nos tornarmos conscientes das expectativas exteriores que agem sobre nós, poderíamos, então, ser capazes de saber o que nos faz felizes hoje em dia.

Tenho sorte de o meu irmão ter tido um lampejo intuitivo de quando ele tinha sete anos de idade. Mas acho que eu não deveria me surpreender. Afinal de contas, ele era o melhor funcionário que a Hillside Corporation já teve.

Karen

> *Se for para eu viver uma vida completa, tenho de morrer mil vezes todos os dias. Cada crença de que abro mão é uma morte — a morte de uma velha identidade que já não serve mais.*
>
> Byron Katie

Pergunta 45
Você está morto para o mundo?

Quando éramos crianças e tudo parecia um jogo, isso era real? Andar invariavelmente virava correr, com o único objetivo de ver com que rapidez poderíamos ir. Comer, tomar banho, tudo tinha um valor de brincadeira. Quando ficamos um pouco mais velhos, usar as roupas corretas ou ter o corte de cabelos certo ficou mais importante do que qualquer outra coisa. Isso era o mundo real? O que aconteceu com o parquinho que absorvia nossa atenção aos cinco anos? Hoje somos adultos e estamos todos provavelmente pensando, "é isso aí, isto aqui é real". Mas mesmo nas nossas vidas adultas não somos exatamente as mesmas pessoas que éramos aos cinco anos. Na verdade, daqui a muitos anos, nossas preocupações presentes poderão parecer tão triviais quanto hoje nos parece lançar ervilhas pela sala usando garfos.

Nós nos reinventamos o tempo todo, mas a cada estágio estamos *certos* de que aquilo pelo que passamos nesse momento, seja bom ou ruim, é tudo o que a vida tem para nos oferecer. A percepção tardia, porém, nos mostra que há e sempre houve outras possibilidades, apenas não estávamos atentos a elas na época. Da mesma maneira como foi necessário abrir mão do parquinho para viver como um adolescente e, então, largar a jaqueta de couro da faculdade para se tornar um jovem profissional, talvez precisemos deixar que parte do nosso eu atual morra antes de podermos nos iluminar e ver o quadro maior. Talvez seja por isso que pareça tão amedrontador *realmente* ter esperança ou ser paciente no meio de uma situação onde estamos sendo testados. A parte de nós que quer responder com raiva, preocupação e medo está arfando e suspirando em busca de fôlego para se expressar. É como se estivéssemos morrendo. Mas lembre-se de que sobrevivemos a essa morte muitas vezes — de bebê de colo a criança, de adolescente para adulto — e a percepção tardia provou que, a cada vez que morremos, começamos realmente a viver.

Parte 4

O Pináculo e de Volta Novamente

O truque para usar eficientemente nosso poder espiritual é não ficar pretensioso demais. Podemos ter entrado em contato com nossa essência espiritual, mas a jornada está apenas começando. Há muito mais a ser revelado, inclusive como voltar ao mundo diário, conseguir o que queremos e servir a vida ao mesmo tempo. Pode ser desafiante nos lembrarmos de que somos seres espirituais quando lidamos com os altos e baixos da vida, mas temos mais conhecimento e experiência do que nunca. O espírito sempre sussurrou nos nossos ouvidos. Agora, se escutarmos, podemos ouvi-lo.

> *Estes corpos são perecíveis; mas os habitantes desses corpos são eternos, indestrutíveis e impenetráveis.*
>
> Bhagavad-Gita

Pergunta 46
Que tal abrir mão, só um pouquinho?

A essa altura, você já conseguiu muitos conhecimentos sobre como a vida funciona. Você não luta mais contra tudo e contra todos e conquista o que quer com mais freqüência. Você tem momentos de paz ou concentração focada onde o mundo exterior parece esvaecer e você tem a forte sensação de que tudo está onde deveria estar. Mas espere. De repente, você se vê numa situação que o remete aos velhos tempos. As pessoas se tornam desagradáveis, ou alguma coisa não acontece do jeito que você planejou e, agora, você tem de lidar com as conseqüências. Você achava que tudo isso iria se dissolver com sua nova atitude iluminada. Mas é difícil manter esse estado iluminado. E, se você conseguir, o mundo como você conhece pode desvanecer, e quem está realmente pronto para abrir mão do mundo inteiro agora? Se você conseguir abrir mão só um pouquinho, então lidar com as coisas do dia-a-dia pode parecer muito mais fácil. Não leve tão a sério os seus laços com o mundo, nem com suas posses materiais — você não estaria nesse caminho se essas fossem suas verdadeiras metas. Ria dos idiotas que costumavam deixá-lo louco e dê um chute no seu traseiro quando você mantém as aparências em detrimento de fazer o que seu coração deseja. Divirta-se e lembre-se de que tudo estará bem, até mesmo nas ocasiões em que não tomam você pelo Dalai Lama.

> *Acho que a maioria das pessoas tem um instinto de rebeldia.*
>
> Elvis Presley

Pergunta 47
Quer um motivo para se rebelar?

Seu ego
Sua dor
Qualquer forma de julgamento
Preconceito em nome do amor
Medo da morte
Escravidão
Egoísmo
Martírio
Falta de alegria
Complacência
Raiva
Hipocrisia
Inveja
Rebelião.

Em um mundo espiritual ideal, aceitaríamos tudo como é, e até mesmo as "falhas" seriam perfeitas na sua imperfeição. Mas, como seres humanos, precisamos de algo que nos impulsione, algo como um trampolim, quando queremos fazer mudanças na nossa vida. Então, por que não se rebelar contra algo que valha a pena? Torne-se um revolucionário espiritual que chuta o traseiro de todos e pare de culpar sua má sorte, seu chefe, ou seus parentes. Cave para encontrar o significado profundo.

UMA PÁGINA DA VIDA
Lutei Contra a Lei e a Lei Venceu

Meu calcanhar-de-aquiles é a raiva, e passei a melhor parte da minha vida adulta lutando contra ela — até recentemente. Minha história começa em 1963, com minha primeira memória da infância — o assassinato de John F. Kennedy. Eu tinha três anos na época e minha irmã e eu brincávamos com blocos de montar. A televisão estava ligada, alguma coisa interrompeu nosso programa infantil, e minha mãe correu para a sala e começou a chorar. Não entendi o que aconteceu, mas sabia duas coisas: não era algo bom e estava além do meu controle. De um único golpe, fui arrancada do meu Jardim do Éden, de posse apenas da intuição natural de uma criança de três anos. A caixa de Pandora estava aberta, e, num sentido muito real, eu não era mais um bebê.

Os anos seguintes me deram muitas oportunidades para eu experimentar e explorar a idéia do bem e do mal. Justapostos contra as alegrias da infância, estavam os assassinatos de Bobby Kennedy e de Martin Luther King Jr., os horrores da guerra do Vietnã (lembra-se da foto da garota vietnamita correndo nua e gritando pela rua, ou as dos monges budistas ateando fogo em si mesmos?), os tumultos da convenção do partido Democrático, o massacre de Kent State e, culminando tudo, a tragédia grega de Watergate. Há muitos da minha geração que aparentemente não foram afetados por esses eventos, e, por um momento, cheguei a considerá-los pessoas de sorte. Eu, porém, tive pais inteligentes e politicamente ativos que, não sei se para o bem ou para o mal, não escondiam o mundo real de nós. E, exatamente como todos os pais durante o curso de toda a História, eles estavam resolvendo seus próprios problemas enquanto criavam os filhos — uma coisa difícil de se fazer, mesmo nas melhores épocas.

Hoje, vejo minha infância como algo perfeito. Mas essa percepção demorou a vir. Assim como Adão e Eva, eu não estava feliz de ter sido expulsa do Paraíso só porque tinha inadvertidamente comido o fruto da árvore do bem e do mal. Fiquei brava. Com o conhecimento vêm a insegurança, a dúvida e a tensão de não saber predizer o que vai acontecer e de não ser capaz de fazer com que as coisas fiquem bem. Houve épocas, em que eu não tinha certeza nem se o mundo continuaria a existir por muito tempo. Estava com medo e paralisada. Comecei, então, a procurar um caminho de volta ao Paraíso.

Eu descobri a música, que fortaleceu minha experiência com a beleza; a literatura, que desenvolveu minha imaginação; e a filosofia, que me encorajou a buscar respostas. Comecei a perceber que há algo além do bem e do mal que é a chave de tudo, o princípio que unifica tudo e o caminho de casa. Mas não conseguia controlar minha raiva, que sempre emergia quando eu me sentia ameaçada, sem controle, ou profundamente frustrada. Eu prosseguia penosamente, envergonhada dessa poderosa emoção, cansada de ser sua escrava, porém incapaz de me tornar sua mestra.

Eu a combatia, e ela me combatia. Parecia que a batalha nunca acabaria. E, então, recebi uma dádiva. Percebi que, se quisesse paz, tinha de parar de lutar — e a primeira coisa contra a qual eu tinha de parar de lutar era minha própria raiva.

A raiva pode ser meu calcanhar-de-aquiles, mas também é meu portal para a iluminação. Não foi a raiva que me fez olhar para dentro em busca de respostas, pois eu não podia entender a estranheza e a irracionalidade do mundo exterior? Não foi a raiva que me transformou numa livre-pensadora, porque eu não conseguia agüentar o dogma religioso/político que justifica o horror, desde que seja feito em nome de Deus ou do governo? Ficar com raiva do jeito como as pessoas maltratam umas às outras não me ajudou a desenvolver a paciência e a compaixão? A raiva era minha amiga, não minha inimiga. Acho que foi minha reação à emoção que foi o problema. A raiva estava me dando informações sobre o que estava acontecendo dentro de mim e me ajudou a descobrir o que eu precisava fazer (ou não fazer) para me tornar feliz. A raiva me trouxe de volta ao Paraíso e me arrastou até a Árvore da Vida, a qual revelou a grande lei: Tudo é Um. Quando parei de lutar e permiti que a raiva existisse, ela deixou de me incomodar. Lutei contra a lei e a lei venceu.

A verdade o libertará.
Mas primeiro vai incomodá-lo um bocado.

Gloria Steinem

Pergunta 48
Qual é o seu segredo?

Vamos lá, você sabe que tem um. Você fuma ou come escondido, bebe em excesso, é viciado em drogas? Você tem um estilo de vida alternativo que esconde das pessoas do seu trabalho ou da sua família? Você está muito endividado ou é obcecado com a administração da sua riqueza? Sente que não merece amor, que não tem valor, não se sente bem? Bem-vindo à raça humana. Quase todos nós temos algo que buscamos ocultar até mesmo dos nossos amigos mais próximos e entes queridos. Podemos pensar que somos espertos tentando não revelar nossa autodestruição, nossa falta de compreensão ou nossa dor, mas não estamos nos chantageando por medo de sermos abandonados, ou algo ainda pior?

Ao exigirem todo nosso tempo e atenção, esses segredos drenam nossa energia e nos impedem de nos tornarmos iluminados pela harmonia e união latente da existência. Na verdade, servem apenas a um propósito: manter-nos escravizados ao nosso ego. O ego é obcecado pela realidade exterior — o passado, a morte, com a preservação do corpo e com a aprovação do mundo exterior. Não consegue ver nada além da sua própria dor; por isso, desperdiça tempo tentando revelar e explorar os segredos das outras pessoas para, dessa forma, não se sentir completamente só. Mas o ego é o falso eu, a máscara que usamos por não percebermos que somos seres eternos, espirituais, feitos à imagem e semelhança do nosso Criador. É tempo de abrir mão dos segredos. A verdade nos libertará.

Somos partes de uma grande Vida, a qual não conhece falhas, perda de esforço ou de força, e que, "ordenando com poder e doçura todas as coisas", leva os mundos em direção às suas metas.

Annie Besant

Pergunta 49
Você consegue baixar a guarda?

Na vida, armamo-nos de emoções primitivas que nos deixam prontos quando é necessário agir. O medo nos afasta de situações perigosas; a preocupação chama nossa atenção para problemas que precisam ser resolvidos. Essas reações instintivas que liberam nossa adrenalina são armas do nosso arsenal, nas quais confiamos para sobreviver nesse mundo. No entanto, se não forem usadas de maneira apropriada, elas nos impedem de sermos felizes. O ódio excessivo perpetuou a idéia de que o mundo é um lugar ruim ou rancoroso, e preocupação demais pode nos paralisar com a desesperança. Mas, se formos aceitar agora mesmo que tudo é como deveria ser, não haveria motivo para ficar com raiva ou infeliz, não importa o que acontecesse.

Ironicamente, só ficamos verdadeiramente qualificados para usar essas armas emocionais quando não precisamos mais delas. É só então que você consegue ser realmente objetivo e entender que as está usando para atingir uma meta, aqui e agora, sem deixar que sua natureza negativa permeie seu eu interior. Você pode demonstrar raiva quando é apropriado corrigir o comportamento de alguém sem deixar que ela o devore. Mas para chegar até esse ponto você deve baixar a guarda e provar a si mesmo que tudo fica bem assim, que sua vida não é diminuída quando outro motorista dá uma fechada no seu carro, ou quando seu marido ou mulher reclama, não importa o quanto isso possa ser irritante naquele momento. Quando isso ficar claro, você poderá empunhar sua espada de novo, usá-la eficientemente e saber que, não importa o que aconteça, você não pode perder.

UMA PÁGINA DA VIDA

A Polícia da Preocupação Suspendeu minha Licença

Depois de passar um fim de semana em Connecticut, eu dirigia de volta para a cidade pela I-95, seguindo o fluxo do tráfego. Meus pensamentos iam dos eventos dos dois últimos dias aos meus afazeres da semana seguinte. Eu esperava uma resposta do comitê de exame para saber se eles haviam aceitado nossa proposta para uma palestra. Havia tantas coisas pendentes e eu estava preocupada porque, depois de meses de uma agenda relativamente flexível, todos os compromissos que tínhamos planejado podiam ser agendados de uma só vez. Acima de tudo, se esses eventos não coincidissem com o lançamento do livro, perderíamos uma boa oportunidade de marketing.

Conforme afundava nessa espiral de possibilidades desalinhadas, supernervosa porque tudo pelo que eu tinha trabalhado estava para acontecer, mas no tempo errado, ouvi uma sirene atrás de mim. Conforme aquele carro se aproximava, vi uma luz faiscante no meu espelho retrovisor e, então, o sistema de alto-falante da polícia me instruiu para estacionar. Um tanto confusa, eu obedeci. Abri a janela, enquanto o guarda uniformizado se aproximava.

"Qual o problema, seu guarda? Eu não estava correndo. Há algo errado com minha lanterna traseira?"

"Não, senhora. Está tudo bem com o seu carro. O problema é seu pensamento."

"Meu pensamento?"

"Sim, senhora. A senhora está se preocupando com coisas que não aconteceram e que podem nunca acontecer. A senhora está prestando atenção a detalhes insignificantes, quando, de repente, a senhora poderá ter de frear. Esse é um flagrante mau uso da sua habilidade de raciocinar."

"O senhor me fez parar porque eu estava me preocupando demais?", perguntei.

"Isso mesmo", respondeu-me enquanto escrevia uma intimação que me entregou. Olhei para o documento. Não havia nenhuma multa, mas eu tinha de ir até o tribunal no dia seguinte.

Conforme instrução, fui ao tribunal, onde uma juíza e o guarda que tinha me dado a intimação estavam esperando por mim. Eu não tinha de fazer uma defesa, mesmo assim não havia nada que eu pudesse dizer. Tinha feito tudo o que eles me acusavam de ter feito. Esperava que fossem lenientes. Então, veio o veredicto da juíza.

"A preocupação", disse ela, "é um instrumento sério para, como último recurso, ajudar a nos recompor. Não é algo para ser usado livremente no dia-a-dia. Até que você aprenda a usar a preocupação na proporção certa ao problema em questão, seus privilégios de preocupação estão suspensos."

"O que isso quer dizer? Não tenho permissão para me preocupar?", perguntei.

"Isso mesmo", replicou a juíza. "Não pode se preocupar em qualquer circunstância."

Deixei essa cena surreal e tentei voltar para minha vida normal. Minha cabeça começava a doer por causa da tensão do drama que acontecera no tribunal. Ou, talvez, eu estivesse pegando uma gripe — não seria fantástico? Tenho tanto trabalho a fazer, não posso ficar gripada agora.

"Pare!", gritou minha voz interior. "Você está se preocupando!"

"Só estou cuidando de mim mesma", respondi.

"Se você estivesse cuidando de si mesma, estaria fazendo alguma coisa mais construtiva do que ficar aí sentada pensando em qual doença terrível pegou", disse a voz.

"Tudo bem."

Tive de concordar que a voz tinha razão. Por desespero, fechei meus olhos para uma microssoneca de cinco minutos, e a dor de cabeça passou. Nada mau para meu primeiro dia livre de preocupações.

No dia seguinte as coisas ficaram um pouco mais difíceis. Cada vez que eu ouvia sobre taxas de juros subindo e ações caindo, ou quando tinha de fazer algo que incomodaria os outros, eu queria entrar em pânico, mas não conseguia. Quando meus amigos ligavam para falar dos seus problemas, não conseguia ajudá-los. Aquela voz da razão soava sem descanso na minha mente. Não importa o quanto a situação fosse séria, eu tinha de lidar com ela sem me preocupar. Para evitar preocupações, tentei não pensar muito à frente. Por vezes, discuti veementemente com a voz, "se você tivesse deixado eu me preocupar com isso antes, agora eu não estaria tão perdida com relação a lidar com esse problema". Mas conforme eu voltava minha atenção para o presente, focando no que precisaria ser feito naquele momento em particular, começava a relaxar. Gradualmente, fui ficando menos envolvida com o desdobramento de uma situação em particular e mais interessada em como eu estava lidando com as coisas ao longo do caminho. Era bem pacífico.

Recebi uma comunicação da polícia da preocupação dizendo que minha licença me tinha sido devolvida. Olhei para minha licença por um momento, perguntando-me como a usaria. Por que tinham me devolvido algo que causava tantos problemas? "Bem", pensei, "fiquei mais relaxada". Ao largar a tensão da preocupação, também deixei de fazer planos antes do tempo e de assumir situações muito incertas. Infelizmente, evitar esses desafios também queria dizer que eu perderia oportunidades de crescimento. Com essa percepção, o lado positivo das preocupações se tornou aparente. Preocupação na forma de um planejamento adequado e de uma habilidade saudável para identificar problemas antes de eles saírem do controle, nos dá coragem de encarar novas experiências e nos oferece toda a esperança de um desfecho positivo. Então, resolvi que a preocupação seria meu sinal de alerta — meu chamado à ação. Só agora sei que a ação necessária não é o suplício e a impaciência que eu sentia antes, mas sim o foco tranquilo que aprendi a usar durante meu breve período de fora-da-lei emocional.

Karen

> *Não podemos alterar coisa alguma até que
> a aceitemos. A condenação não liberta; ela oprime.*
>
> Carl Gustav Jung

Pergunta 50
Então você ainda não acredita que vivemos num mundo perfeito?

Isso não é surpreendente. A idéia de que vivemos num mundo perfeito é o conceito metafísico mais difícil de se compreender, aceitar e aplicar. Mas vale à pena contemplá-lo até o "pegarmos", pois é a chave da paz interior (e exterior). Aguçamos nossa capacidade de pensar criticamente de tal forma a ponto de se tornar natural (e supostamente uma prova de Q.I. elevado) acharmos defeitos em tudo o que vemos, em todos com quem nos encontramos e em tudo o que acontece. A ironia dessa maneira de abordar a vida é que pensamos que estamos "agindo bem" pensando desse jeito, afinal de contas isso é resultado do nosso desejo de tornar as coisas melhor, ou "perfeitas". Mas tudo o que estamos fazendo é procurar aquilo que está errado, o que nos escraviza ao lado negativo da dualidade. Falando diretamente, a busca da perfeição pela identificação, análise e catalogação de tudo o que está "errado" não nos sintoniza com o bem, mas com o mal, o motivo pelo qual a realidade externa (tanto no plano pessoal quanto no global) nunca parece melhorar, não importa o quanto tentemos.

Não importa o quanto isso possa parecer ilógico, mas a solução não é tentar melhorar as coisas, mas vê-las com mais clareza. Tudo o que acontece é perfeito do jeito que está. Em termos metafísicos, perfeição não quer dizer "bom" e sim "de acordo com a lei". No plano mais essencial, tudo está como deveria estar. Não poderia ser de nenhuma outra maneira num universo ordenado, justo, que é governado pelo Princípio da Vida Única. Quando compreendemos e nos conformamos às leis do universo (causa e efeito, por exemplo), sintonizamo-nos com a perfeição latente do universo e somos capazes de criar qualquer coisa que quisermos. Portanto, se quisermos paz para nós e para o mundo, temos de parar de encontrar defeitos e começar a ver o que está certo.

Agora, saia daí e faça isso. Nós desafiamos você.

O que você faz é o que você é.

Lao Tsu
O Hua Hu Ching

Pergunta 51
Você está pronto para criar o universo?

Diabos, não! Quem quer esse tipo de responsabilidade? Mas a verdade é que todo pensamento, toda emoção, todo conceito profundamente enraizado dita a qualidade da nossa vida. Assim, de fato, cada um de nós já está criando seu próprio universo. A pergunta é: estamos interessados em fazer isso conscientemente? Se quisermos menos raiva na nossa vida, precisamos começar a ser mais pacientes. Se quisermos mais amor, precisamos começar a amar mais. Se quisermos mais dinheiro, precisamos começar a apreciar a riqueza do que temos. A cada vez que tomamos a decisão de agir de uma certa maneira e estamos conscientes dos resultados, ficamos cientes do nosso próprio poder criativo. Não precisamos nem tomar uma "boa" decisão para isso ser verdade. Quando estamos de mau humor alguma coisa desagradável acontecerá para satisfazer nossa necessidade de reclamar. Não é um cenário de recompensa/castigo, é apenas como as coisas funcionam.

E então? Está pronto para criar seu próprio universo? Se você for como a maioria de nós, a resposta vai variar de um dia para o outro. Mas está tudo bem, pois, mesmo quando achamos que não estamos aptos para a tarefa, o universo fará com que ela aconteça de qualquer forma.

UMA PÁGINA DA VIDA
Nas Próprias Mãos, Ela Segura a Própria Vida

Antes de eu me tornar mãe, eu não entendia de verdade o processo de criação. É claro que eu sabia sobre os pássaros e as abelhas, só não tinha a imagem total, ou meu papel nela. No entanto, alguma coisa dentro de mim deve ter intuído, pois duas semanas antes de ficar grávida, senti-me compelida a fazer um retiro espiritual na Wisdom House, em Litchfield, Connecticut. Wisdom House, um retiro e centro de conferências, tinha sido um convento de uma ordem de freiras católicas conhecidas como Filhas da Sabedoria. Essa ordem é devotada à Sophia, ou Senhora Sabedoria — "a face feminina de Deus". O cristianismo é minha herança cultural e religiosa, mas ao mesmo tempo que sempre tive uma grande apreciação por Jesus, nunca pareci ter o mesmo respeito pelas representantes do meu próprio sexo no Novo Testamento.

Minha apresentação à Sophia me balançou até o âmago. Sempre tendo me considerado um tanto rebelde e uma livre-pensadora, fiquei chocada ao perceber o quanto eu tinha sido influenciada pela idéia tradicional judeu-cristã de um Deus masculino. Mesmo tendo me formado numa faculdade feminina e sendo uma estudante de metafísica de longa data, demorei até os trinta e sete anos de idade para compreender que Deus tinha tanto aspecto masculino quanto feminino, que ambos eram igualmente importantes e poderosos e que a criação — física, mental e espiritual — não pode acontecer sem a interação do masculino com o feminino, da mente com o coração, da alma com o espírito. Antes de Sophia, minha feminilidade era um peso. Eu era apenas meia-pessoa. Eu era estéril.

Quem é Sophia? Ela é conhecida por diferentes nomes, dependendo da cultura e tradição. É chamada de Natureza, Shakti, Kali, Kwan Yin, Ishtar, Shekinhah, Virgem Santíssima, Espírito Santo, Alma do Mundo. Alguns dizem até mesmo que Jesus é uma encarnação de Sophia. Assim como Deus Pai, Sophia está em toda parte, no interior e no exterior. Ela é sabedoria, conhecimento sagrado aplicado na vida diária, a ponte entre o céu e a Terra. Sophia é a Mãe antiga, primordial e universal. Ela é o vaso da criação e nutre aquilo que gerou. Ela é rude e refinada. É o poder e a glória.

Não fui mais a mesma depois de ter encontrado Sophia. Minha mente parou de lutar contra meu coração, e concebi um novo eu. Quase simultaneamente, fiquei grávida e soube que seria uma menina. Nove meses de crescimento culminaram em dezessete horas de trabalho de parto, a experiência mais difícil e exultante da minha vida. Chamei minha filha de Sophia.

Tami

> *Temos essas verdades como evidentes por si mesmas: que todos os homens são criados iguais, que são dotados por seu Criador de certos Direitos inalienáveis, entre eles a Vida, a Liberdade e a busca pela Felicidade.*
>
> Declaração da Independência
> dos Estados Unidos

Pergunta 52
Você consegue se meter apenas no que é da sua conta?

Você já fez o melhor que podia para ajudar alguém, e essa pessoa vira e diz que quer ficar em paz? Podemos compreender a recusa se nossa "ajuda" não levar ao resultado desejado, mas ficamos chocados quando nossos esforços realmente parecem melhorar o desfecho da situação. Podemos até mesmo nos perguntar qual é o sentido de uma jornada espiritual, se nem ao menos podemos usar nossa experiência para ajudar outras pessoas a seguirem adiante. Bem-vindo à Terra. É bizarro, mas embora algumas pessoas reclamem amargamente das coisas que acontecem na vida delas, não querem necessariamente alterá-las. Assim como sentimos simpatia por nossos semelhantes e achamos que não os julgamos, quando pressupomos que eles querem ou precisam de assistência, cruzamos o estreito limite que separa a ação construtiva da intromissão.

Não importa o quanto estejamos bem-intencionados, quando interferimos na vida dos outros, prendemo-los a nós e nem sempre de uma forma positiva. Oferecer conselhos sem que eles sejam solicitados, mesmo se estiverem certos, é impor nossas expectativas às outras pessoas e pode muito bem interferir no progresso natural delas na vida. Se as chateamos, sobrecarregamo-las com raiva; se as fazemos se sentir inadequadas, retardamo-las com baixa auto-estima. Não estamos dizendo que temos de elogiar todo projeto visionário tolo que aparece na nossa frente, mas, se não nos afeta e não pediram nossa opinião, provavelmente devemos nos conter. E devemos ter cuidado para avaliar aquilo que realmente nos afeta. Impor nossas crenças e exigências aos outros que escolheram viver de maneira diferente (especialmente quando isso é disfarçado de amor, obrigação ou moral) prendem essas pessoas a nós de uma forma egoísta. Mas isto aqui é para fazer cair a ficha: eles não são os únicos a serem escravizados — nossa própria paz de espírito fica atrelada ao quanto eles tiveram sucesso com relação às nossas expectativas. A verdadeira liberdade vem com sentir e usar nosso poder como seres espirituais; não depende de outras pessoas. Então por que nos sobrecarregar ligando nossa liberdade a de outras pessoas que podem escolher trilhar um caminho totalmente diferente? É uma verdade prática — se quisermos liberdade, temos de dá-la aos outros.

> *Compaixão é a intensa consciência da
> interdependência de todas as coisas.*
>
> Thomas Merton

Pergunta 53
O que é compaixão?

Bem, com certeza não é um termo piegas para deixar impunes pessoas que cometeram assassinatos. É um estado mental, uma perspectiva, uma janela para a realidade que vem da vida em conformidade com o Princípio da Vida Única. Se, de fato, somos todos Um, então tudo o que um de nós pode fazer, somos todos capazes de realizar — em um ou outro grau. Colocado de maneira simples, dentro de cada um de nós há um artista, humanitário, terrorista ou molestador de crianças em potencial. O que escolhemos para expressar e manifestar nesta vida depende de onde concentramos nossa energia, mas nosso potencial para ações humanitárias "positivas" e ações terroristas "negativas" sempre existiram. Compaixão é o processo de identificar como a energia está sendo expressa em um dado tempo e, então, sintonizar nossas ações com nosso potencial mais elevado como seres espirituais.

Quando olhamos nos olhos do nosso amado, identificamo-nos com o amor e automaticamente respondemos amorosamente porque isso nos faz sentir bem. Quando testemunhamos um ato brutal de destruição, identificamos corretamente o ódio como a energia por trás da situação. Como seres carnais, nossa reação automática é responder da mesma forma, mas como seres espirituais podemos escolher, em vez disso, demonstrar compaixão. Se desejarmos uma vida duradoura, liberdade e justiça em lugar de morte, restrição e vingança, respondamos com amor e deixemos que os estilhaços caiam onde têm de cair, sabendo que a energia que nos criou e que nos sustenta tomará conta do resto. Compaixão não tem a ver com deixar outra pessoa impune ou ignorar as conseqüências de crimes hediondos; na verdade, não tem a ver com pessoas, lugares, situações ou coisas de forma geral. Tem a ver com dar a nós mesmos acesso irrestrito à energia da Vida Única para criar aquilo que desejamos viver. A compaixão é a mais elevada expressão do amor espiritual. Quando amamos quem nos odeia, identificamo-nos com a energia criativa do universo, não com as circunstâncias que possamos vir a encarar. A próxima vez que formos confrontados com pessoas ou condições odiosas, temos de tomar uma decisão. Permitiremos a nós mesmos criar nossa própria realidade ou deixaremos que a realidade nos crie?

UMA PÁGINA DA VIDA

Se Você Vir o Buda no Metrô, Preste Atenção

Eu estava no metrô ontem à tarde e um sem-teto veio até o trem e pediu dinheiro. Ele foi particularmente insistente — talvez porque fosse o último vagão do trem e ele não tivesse nenhum outro lugar para ir até a próxima parada. Ele era branco, provavelmente com trinta e poucos anos de idade e, a não ser por alguns dentes podres, não parecia estar mal fisicamente. Normalmente, considero-me uma pessoa que sente empatia pelos outros e, embora eu nem sempre puxe minha carteira no meio do metrô (um mecanismo profundamente enraizado que data de quando eu estava no ensino fundamental), dou dinheiro quando me parece seguro. Mas esse cara realmente me irritou. Ele não parecia ameaçador, mas senti como se estivesse tentando intimidar uma platéia cativa com sua persistência. Conforme observei no rosto das pessoas no vagão, eu não era a única a ser perturbada. Um homem trazia uma grande caixa contendo uma TV nova. O olhar no seu rosto era uma conflitante mistura de culpa pela sua inadvertida mostra de opulência em frente desse "miserável" e ressentimento por alguém que pedia doações quando ele tinha trabalhado para comprar seu brinquedo novo. Outra mulher parecia cansada e tentou evitar olhar para o sem-teto, enquanto ele andava na frente dela. Outros se remexeram nos seus bancos, buscando ver se alguém dava dinheiro ao mendigo, como se fossem seguir o exemplo. Mas ninguém lhe deu nada, nem um dólar, ou vinte e cinco centavos, nem mesmo os dez centavos que ele estava barganhando, quando o trem chegou na estação.

Com a partida do protagonista, comecei a pensar por que ele tinha me irritado tanto. Com toda honestidade, ele não se enquadrou na minha definição de desamparado, nem pareceu suficientemente desesperado. Era jovem, não tinha defeitos físicos e, na verdade, parecia tão saudável quanto qualquer outro no metrô. Por que ele não poderia trabalhar e ser produtivo? Ele não estava criando uma grande música ou expressão artística pela qual estava disposto a passar fome. Ele nem ao menos era membro de alguma categoria étnica — ao menos assim minhas tendências liberais poderiam ter racionalizado que ele estava numa situação de desvantagem. E, sobretudo, ele estava com raiva, e eu tenho problemas para lidar com pessoas agressivas. Não parei para pensar que talvez ele tivesse algum motivo para estar com raiva. Talvez tivesse perdido alguém que amasse, ou seus pais tivessem sido ruins com ele, ou ele não conseguisse controlar sua agressividade. Para mim, qualquer um que projete esse tipo de energia está "bem" o bastante para se defender sozinho.

Eu deveria ter-lhe dado dinheiro para estar de acordo com o Princípio da Vida Única? Não, necessariamente. Sua beligerância era verdadeira, e talvez sua lição nesta vida fosse superar a raiva e não ser recompensado por isso. Entretanto, pensamentos são coisas poderosas, e eu, provavelmente, não o ajudei ou a mim mesma criticando-o porque ele não se encaixava na minha imagem do sem-teto com coração de ouro. Vamos encarar, é difícil amar os sem-tetos porque eles ostentam toda a vulnerabilidade que tentamos esconder de nós mesmos. Esse homem era tão parecido comigo em termos de idade e de etnia que seu comportamento agressivo disparou algo em mim que eu não pude ignorar. Na proporção em que ecoei a sua raiva, eu ajudei a mantê-la viva em nós dois. E isso, percebi, é uma evidência verdadeira de que estamos todos ligados.

Karen

> *Além dos pensamentos e das palavras, além dos conceitos e das crenças, além de tudo o que é conhecido e imaginado, além da própria mente, há Silêncio — o eixo sagrado do universo, o lugar onde todas as diferenças se dissolvem, onde os conflitos acabam, onde todos os medos se transformam em amor, onde todas as almas brilham com a luz da mesma e única chama.*
>
> Robert Rabbin, *A Call for Peace*

Pergunta 54
Você anda se questionando?

A trilha espiritual é um modo de vida; não é uma viagem de férias. Uma vez que tomamos a decisão de seguir a Verdade, devemos estar preparados para períodos de dificuldade intensa, durante ocasiões em que nada parece fazer sentido; não sabemos nem o que pensar, quanto mais o que fazer. Tentamos corresponder aos nossos ideais espirituais, mas nossas falhas nos levam a nos questionar sobre nossa nova perspectiva. Ótimo! Vamos comemorar! O questionamento é uma sugestiva evidência de que nossos velhos conceitos estão começando a ruir.

Antes de aceitar o Princípio da Vida Única, as pessoas, lugares, situações e coisas da nossa vida podem não ter nos trazido felicidade espiritual, mas ao menos faziam sentido para o nosso ego. Havia pessoas boas e más, decisões certas e erradas, tempos tristes e tempos felizes. Tentávamos a todo custo evitar a dor e viver o prazer racionalizando nossas falhas e culpando os outros pela nossa falta de sorte. Mas, no final das contas, sempre havia alguém ou alguma coisa que ficavam no caminho da nossa paz e felicidade. Então, encontramos alívio em novas crenças que proclamavam que a liberdade estava ao nosso alcance. Não precisávamos mudar o mundo. Tudo o que tínhamos de fazer era mudar a nós mesmos.

No começo da jornada, tínhamos uma energia infindável e fazíamos rápido progresso. Mas, conforme nos aproximamos do nosso âmago, nossas crenças ocultas que vivem nas sombras e que atacam secretamente ficaram expostas. Elas tentam convencer o ego a usar artilharia pesada e iniciar um combate mortal. Que recurso temos durante essa noite escura da alma? Deixar o ego lutar. E, enquanto ele estiver distraído com suas ocupações, vamos aproveitar cada oportunidade de nos interiorizar, de ir ainda mais fundo do que nunca, até alcançarmos o paraíso.

> *Tudo o que vemos é uma sombra projetada por aquilo que não vemos.*
>
> Martin Luther King Jr.

Pergunta 55
Você consegue ver através da ilusão?

Um grande amigo das autoras conta uma história sobre um garoto que bateu em outro à vista de todo o parquinho infantil e depois negou.

"Não encostei a mão naquele menino", ele afirmou categoricamente.

Ele negou tão enfaticamente que os adultos que testemunharam tiveram uma dúvida momentânea sobre o que tinham visto. Mas, conforme o choro da criança que tinha apanhado ia ficando mais alto, eles recuperaram a consciência.

Quando queremos acreditar em algo, a mente aproveita todas as oportunidades para afirmar a validade da crença, mesmo quando, num plano mais profundo, sabemos que ela não é verdadeira. É tudo uma ilusão estabelecida dentro da nossa mente, mas pensamos nela como algo real. Se, porém, prestarmos atenção nas contradições da nossa tão falada realidade, a ilusão começa a se dissolver.

Por que algumas pessoas muito inteligentes acreditam que os impostos são uma infração à liberdade pessoal, enquanto outros, igualmente inteligentes, crêem que sejam necessários e obrigatórios? Como algumas pessoas prosperam durante uma recessão, enquanto tantas outras sofrem perdas financeiras? E como falar em público, andar de avião ou escalar o paredão de uma montanha pode ser estimulante para uns e horripilante para outros?

Tudo, e queremos dizer tudo, na vida flui dos conceitos que temos, mas esses conceitos não têm vida própria. Precisam da força vital espiritual — o princípio criativo — para trazê-los à vida. O princípio criativo é a realidade, o resto é truque de ilusionista, um holograma que pode ser arranjado e re-arranjado conforme mudamos nossos conceitos. Quando compreendemos isso, aquilo que aparentemente era irreconciliável começa a fazer sentido e começamos a lidar diretamente com o processo criativo em si, em vez da nossa realidade material. Nosso corpo e qualquer doença física que possamos ter, ou outras pessoas e quaisquer traços irritantes que possam ter, deixam de ser ameaças, quando os vemos como manifestações da Vida Única. A próxima vez que você se confrontar com a realidade fria e difícil, lembre-se de que a vida não é sempre o que parece ser. Por trás da ilusão está o poder que transforma o mundo.

UMA PÁGINA DA VIDA
O Senhor das Moscas

Há vários meses, algumas moscas decidiram passar o inverno no nosso apartamento — acho que era mais conveniente do que a Flórida. Meu marido e eu resolvemos não usar inseticida e tentar uma abordagem mais suave. Conseguimos aprisionar todos os insetos no nosso banheiro escuro, onde deixamos a janela aberta para que eles fugissem. Todas as moscas, menos uma, voaram em direção à luz, arriscando-se no ar frio de janeiro. Chamei a mosca que não ia embora de "Senhor das Moscas", por causa da sua determinação ferrenha de passar o resto dos seus dias na nossa humilde morada. Mas, embora eu admirasse sua *coragem*, não posso dizer que ele fosse um hóspede modesto. Na verdade, estou convencida de que ele treinou como um piloto camicase na vida pregressa. Sem nenhum aviso, o Senhor das Moscas vinha zumbir nos meus ouvidos algumas vezes por dia e não me deixava em paz, até eu gritar e tentar matá-lo a tapas. Durante um tempo, tentei apanhá-lo para matá-lo com minha mão (que se danasse a abordagem suave), mas ele sempre me enganava, até mesmo quando sua vida começou a se aproximar do fim, e ele se tornou mais lento e vagaroso. Hoje, acho que ele queria se comunicar comigo, mas na época ele só me irritava. Minha filha de dois anos e meio, por outro lado, sempre dava tchau a ele quando saíamos e o saudava quando chegávamos. Ela o considerava parte da família. No dia em que chegamos em casa e a nossa mosca não nos cumprimentou, eu soube que ela tinha morrido. É estranho, mas quando o zumbido no meu ouvido cessou, comecei a me perguntar se poderia haver um significado mais profundo para meu encontro com a mosca.

Mas por que a Vida Única tentaria atrair minha atenção por meio de um inseto? Não sou uma garota da natureza. Não gosto de zoológicos ou de fazendas, odeio cavalgar e nunca tive vontade de me socializar com chimpanzés. Pensando nisso, porém, sempre gostei muito de cães, especialmente os cães da família durante minha infância. Sonho com nosso poodle cor de chocolate que achava que era um pastor alemão e com nossa primeira labradora, que era tão carinhosa quanto bonita. Recentemente, descobri que nossa segunda labradora, Cordelia, a última dos cães da família, tinha morrido. A princípio, tentei ver isso da perspectiva de que ela tinha vivido bem e estava velha. Mas depois devo admitir que fiquei muito aborrecida com a morte de Cordelia. De fato, durante alguns dias pensei que eu fosse cair aos pedaços. Há mais ou menos onze anos, eu, minha irmã e meus irmãos compramos Cordelia para meus pais. Ela era uma cachorra incrível. Tão mansa com pessoas idosas quanto com bebês recém-nascidos, demonstrava amor incondicional a todos que encontrava. Para mim, ela representava o que havia de melhor na minha família. Desde que compramos Cordelia, porém, meu relacionamento com meus irmãos e com minha irmã foi se desintegrando. Com o passar dos anos, nós nos comunicamos cada vez menos e ultimamente quase não nos falamos. De vez em quando, eu tento, mas meus esforços se parecem com os zumbidos de um inseto irritante que se recusa a ir embora. Talvez seja essa a reflexão que a Vida Única, por meio do Senhor das Moscas, estava espelhando para mim. Em vez de lutar contra a situação, que eu claramente ajudei a criar, acho que eu devia seguir o exemplo de Cordelia e praticar o amor incondicional. Talvez assim eu possa me desapegar e ir em direção à luz, como os irmãos mais iluminados do Senhor das Moscas.

Tami

> *Tenha cuidado com o que você pedir; certifique-se de que não envolve enormes pagamentos mensais, preocupação com a idéia de perdê-lo ou sexo quando você não tem vontade.*
>
> Carol L. Skolnick
> "The Spiritual Curmudgeon"™

Pergunta 56
Você consegue esquecer a palavra "quero"?

A maioria de nós não percebe o quanto somos hipnotizados para acreditar que nossa felicidade e nosso valor próprio dependem de termos abundância de bens materiais. E até mesmo aqueles que percebem isso não fazem muito a respeito. Por quê? Porque os bens materiais são como álcool, cigarros e drogas: proporcionam uma satisfação de curto prazo. Temporariamente, fazem com que nos sintamos bem. Mas, como sabemos, essas coisas não duram muito. Nosso carro novinho fica riscado assim que sai da loja; nosso computador fica obsoleto no momento em que o tiramos da caixa; alguns quilinhos a mais e nossa roupa da última moda fica ridícula. Então, somos deixados com aquele sentimento horrível e insaciável de querer sempre mais — tudo de novo. Ei, talvez chamemos a nós mesmos de consumidores porque o processo de administrar e tentar satisfazer nossas muitas necessidades nos consuma.

Quando somos constantemente consumidos pelo desejo de ter mais, o que realmente sentimos é que não temos o bastante, que nossa vida não é boa o suficiente — que nós não somos bons o bastante. E esse é um território perigoso. A vida não nos dá necessariamente o que queremos, mas normalmente nos dá aquilo que esperamos. Quando focamos o lado negativo da equação — o que está perdido ou faltando —, nós nos preparamos para a decepção e para mais privação, em todos os planos.

Há, porém, uma solução simples. E, conforme dissemos antes, não é necessário abrir mão dos seus brinquedos ou se mudar para uma choupana na selva. Elimine o negativo praticando a gratidão. Quando quisermos um computador novo, beijemos o velho e agradeçamos por ele ter nos servido tão bem. Ao redirecionar nossas energias do consumo — que é uma abordagem passiva da vida, baseada na carência — para a apreciação — que é uma abordagem ativa, baseada na compreensão de que como seres espirituais não precisamos de nada, pois somos tudo —, vemos a nós mesmos de novo no paraíso, que é o nosso lugar.

> *Deixe-me dizer, sob o risco de parecer ridículo, que o verdadeiro revolucionário é guiado por um tremendo sentimento de amor.*
>
> Che Guevara

Pergunta 57
Onde você vai colocar o seu poder?

Sejamos claras, a trilha espiritual tem a ver com poder — poder pesado, revolucionário, que transforma a vida. Quando usado de maneira construtiva, esse poder pode transformar um deserto infértil numa Shangri-La. Pode criar o paraíso na Terra. Mas antes de usá-lo para construir uma Nova Jerusalém, devemos empregá-lo para demolir todas as nossas idéias rígidas, opressivas e totalitárias, que nos separam das nossas metas pacíficas e nos tornam miseráveis, temerosos, intolerantes e cruéis. Sim, é isso mesmo. Há uma guerra para se lutar, mas independentemente da retórica xenófoba que pode emergir a qualquer hora no mundo todo, a única guerra para acabar com todas as guerras é aquela que é feita e vencida dentro de nós. E, conforme todos aqueles que tentaram fazê-la sabem, é muito feia. Na literatura metafísica, essa guerra é chamada de Batalha do Armageddon, pois, no final, o ego é aniquilado e a alma, libertada.

Qual é o benefício de libertar a alma, se a luta para libertá-la resulta na morte da nossa estimada personalidade? É que, falando claramente, nossa personalidade, não importa o quanto seja confortável, encantadora e atraente, é um repositório de ódio, raiva, medo, ciúme, avareza e egoísmo. Ela incorpora a ilusão de "separação" e evita que conheçamos nossa verdadeira natureza, que é o amor. Apenas nos livrando do ódio é que podemos conhecer plenamente o amor, viver amorosamente e realizar nosso destino como guerreiros espirituais. O que é um guerreiro espiritual? Touro Sentado disse que um guerreiro é uma pessoa que se sacrifica pelo bem dos outros. Nós dizemos que um guerreiro espiritual é alguém que abre mão do seu ego para servir à Vida. Estamos prontos para disparar o primeiro tiro? Vá lá fora e procure o que é bom fazendo o bem, não importa o que aconteça. Seu ego vai considerar isso um ato de guerra. Isso nós garantimos.

UMA PÁGINA DA VIDA
Telessexo

Como muitos escritores, eu trabalho em casa, e grande parte da minha interação com os outros se dá pelo telefone. Escrevo artigos com Tami, mando idéias para editores de revistas e faço estratégias com minha agente pelo telefone. O tempo inteiro estou criando ao telefone, e essa noção de telecriação (aquilo que gosto de chamar de "telessexo") não é difícil de se adotar quando se tem cumplicidade com a pessoa do outro lado da linha (ou mesmo sem linha). Mas às vezes esse tipo de interação é extremamente frustrante — principalmente quando tenho que "conseguir" um apoio técnico ou falar com serviços ao consumidor.

Considerando o tempo e energia emocional gastos nesses contatos aparentemente triviais, eu comecei a pensar no porquê de serem tão pouco gratificantes, a ponto de incomodar.

Observação 1 — por causa de uma oferta especial ao nosso prédio, eu resolvi mudar o provedor de serviços telefônicos. Eu tinha acabado de sair do emprego e me sentia um tanto impotente — um sentimento que se revelou quando nosso telefone foi desligado, logo que mudamos de provedor. Lutei contra funcionários incompetentes do serviço ao consumidor por cinco dias, até finalmente achar um gerente que podia resolver o problema.

Observação 2 — durante a reforma do nosso apartamento recém-comprado, descobri alguns problemas com a construção original do prédio. Já intimidada pela responsabilidade de supervisionar eletricistas e tapeceiros sozinha, pois meu marido estava do outro lado do mundo numa viagem de negócios, tive de ligar para o empreiteiro da construtora. Disfarcei meu pânico falando com uma educação melada com esse homem, que então começou a se aproveitar da minha simpatia para me falar de todos os seus problemas. Sentindo que ele estava me escapando, mudei de tática e lhe disse que ele podia "resolver meus problemas, ou resolver com meu advogado" — ele imediatamente desligou o telefone na minha cara.

Observação 3 — uma vez comprei dez cabos coaxiais de alta qualidade, cada qual com um cupom para o aluguel de oito DVDs de uma nova empresa da Internet que atende pelo correio. Quando liguei para requisitar a oferta, a empresa tinha mudado o modelo do negócio e agora cobrava por mês, e não mais por filme, e me ofereceram três meses grátis como forma de compensação. Expliquei que meus cupons eram para oitenta filmes e que ninguém consegue alugar oitenta filmes em três meses. Entretanto, sou complacente quando enfrento algum e-business: eu disse à gerente que eu era flexível e pedi que ela me propusesse uma compensação justa. Ela me ligou no dia seguinte e me ofereceu seis meses de serviço grátis, mais um cheque de noventa dólares! Eu nunca tinha esperado por tanto!

Toda vez em que tratei um serviço ao telefone como um ato de co-criação, e não de coerção, a experiência e o resultado foram muito mais favoráveis. Por outro lado, logo que o funcionário do serviço ao consumidor se torna o motivo da minha frustração, o processo de criação vai pelo ralo.

Eu devo admitir que é fácil desumanizar uma pessoa sem rosto e sem nome ao telefone e culpá-la pelo meu problema. Mas se eu não consigo me controlar numa situação como essa, então não devo me surpreender quando culturas inteiras desumanizam outras culturas, causando destruição e guerra. Talvez essa seja a natureza humana, e talvez a maneira atual de nos relacionarmos uns com os outros à distância nos oferece uma válvula de escape para aquela necessidade enclausurada de brigar de vez em quando. Mas creio que fazer as coisas fluírem tranqüilamente na vida diária alivia muito mais que essa necessidade de brigar. Além do mais, sou muito mais feliz sendo uma criadora, em vez de vítima — um fato que tenho de lembrar da próxima vez que tiver de falar com o funcionário de um serviço ao consumidor.

Karen

> *Nossa vaidade é tanta que consideramos nosso caráter imutável e somos lentos em reconhecer suas mudanças — mesmo para a melhor.*
>
> E.M. Forster

Pergunta 58
Então, agora você se acha muito especial, hein?

Uma a uma, você despiu as velhas crenças que limitam sua vida. Você busca conhecimento em tudo o que faz e usa a fé quando não há conhecimento disponível. Você se concentra na esperança e usa a coragem quando sua preocupação não pode ser contida. Você é generoso, atencioso e gentil; em resumo, você é maravilhoso demais! Mas, depois de conquistar tanto, você ainda quer saber por que sua mente ainda está tão focalizada na realidade cotidiana. Você grita para o mundo: "VOCÊ NÃO VÊ COMO SOU MARAVILHOSO? POR QUE O SENTIDO DA VIDA AINDA NÃO ME FOI TOTALMENTE REVELADO?"

Considerando que tudo isso seja verdade — que você é o modelo de iluminação que está nos livros —, então o que é que ainda prende você? Pura e simplesmente a vaidade. O orgulho que você sente pelas suas realizações é tanto que você ainda está por aí esperando aplausos. É como marcar um ponto de forma incrível no tênis só para perder o seguinte porque sua auto-estima não estava focada no jogo. É difícil não nos orgulharmos de nós mesmos depois de ter trabalhado tanto, e a autoconfiança é uma característica muito produtiva. Entretanto, a limitação prática de focar realizações é que essas realizações se tornam recompensas, e, assim, privamo-nos da oportunidade de conseguir realizações maiores. E o que acontece se aqueles ao nosso redor não vêem o valor dos nossos esforços — comprometemos nossas metas para ter aprovação? Se nos focalizarmos em contribuir com a Vida, então, a verdadeira sabedoria se torna nossa recompensa. A sabedoria é aquilo que nos permite criar o que escolhemos na nossa vida. A sabedoria nos torna divinamente indiferentes à observação dos outros e, ao mesmo tempo, profundamente ligados a tudo o que é.

Se você compreende, as coisas são exatamente como são; se você não compreende, as coisas são exatamente como são.

Provérbio zen

Pergunta 59
Quem você pensa que é?

Quer sejamos religiosos ou não, a maioria de nós se pergunta quem somos com relação à misteriosa energia, ou poder, que cria o universo. O notável é que há muitas visões diferentes sobre quem somos, mas todos os que têm uma visão particular sentem que ela é validada pela experiência pessoal. Aparentemente, Vida/Natureza/Energia/Deus é exatamente aquilo que achamos que é. Se acharmos que isso não tem pé nem cabeça, então vemos o caos. Se acharmos que isso é lícito, ordenado e imparcial, percebemos padrões e sistemas. Se acharmos que julga e é cheio de ira, então sofremos essas conseqüências. Mas, se pensarmos que a Vida é um princípio criativo ilimitado, seremos capazes de compreender que todas as opções acima podem ser verdadeiras ao mesmo tempo. Esse é o motivo mais forte para nos sintonizarmos com o Princípio da Vida Única — simplesmente faz sentido.

Alguns aceitam isso intelectualmente, mas ainda assim saem por aí criticando muitos aspectos da vida como se, por algum motivo, não fossem expressões do Único. Choramos nos enterros, em vez de nos alegrarmos com o conhecimento de que o ser amado está a salvo e de que sua essência não morre. Entramos em pânico quando estamos confusos, em lugar de ficarmos calmos por saber que tudo tem um propósito na vida, mesmo que por ora não o vejamos. Se quisermos ir além dos limites da vida, temos, primeiro, de ver a Vida como algo ilimitado, e isso quer dizer reconhecer que qualquer coisa que vejamos como "ruim" é apenas algo que não compreendemos. Então, se você acha que é parte da essência divina que une a todos nós e quer explorar o potencial dessa essência, experimente entrar em sintonia com a maior noção de todas — que há apenas Uma Vida e que você é parte dela!

UMA PÁGINA DA VIDA

Dançando com a Divindade

Para mim, a implicação mais inevitável do Princípio da Vida Única, e a que mais respeito, é que, num plano mais profundo e "real", eu não existo como um indivíduo separado, nem você. Tudo bem, mas, se aceito a premissa latente de que Deus/Vida Única/Divindade é onipresente, todo-poderoso e onissapiente, então quem sou exatamente? E por que estou aqui?

Se Deus está em todos os lugares, e não há lugar onde Deus não esteja, então fica claro que eu sou Deus e que todos os outros também são — os santos e pecadores, os bons e os maus, os pedófilos e Adolf Hitler também são Deus — e também Satã. E, como Deus está absolutamente em todo lugar, então mesas e cadeiras (e cristais e pés de maconha) também são Deus. Bem, isso explica como algumas pessoas têm experiências marcantes com pedras, e por que eu me sentia tão espiritual no meu último ano de faculdade, mesmo assim é estranho, não é? Bem, não se Deus é uma força impessoal (*que a força esteja com você*), uma força latente, um princípio organizador e não um cara barbudo que mora no céu. A famosa equação de Einstein, $e = mc^2$, implica que a matéria (você, eu, mesas, cristais) e a energia (o equivalente científico de Deus) estão inter-relacionadas, talvez seja até a mesma coisa, se você pensar na incômoda velocidade da luz^2. Ok, mas Deus não está só em toda parte, ele também é todo-poderoso e onisciente. Isso implica que uma mesa é tão poderosa quanto uma leoa protegendo seus filhotes, ou tão inteligente quanto alguém que ganhou cinco vezes seguidas o jogo *Jeopardy?* Pode ser, ao menos inerentemente, mas a mesa não pode se expressar da mesma forma que uma leoa ou um campeão de *Jeopardy*. Nem uma força impessoal consegue. Ah, entendi. Deus simplesmente usa a diversidade de matéria para experimentar e se expressar. Portanto, no final das contas, sou apenas uma expressão humana de Deus com só um trabalho a fazer — experimentar e me expressar. Em outras palavras, estou aqui para dançar com a Divindade. Nos dias que eu conduzo a dança, Deus repete meus passos e experimenta a humanidade. Mas, nos dias em que me lembro da minha verdadeira identidade, Deus conduz a dança e eu viajo na velocidade da luz^2 e consigo experimentar o Divino. De qualquer forma, é um tremendo tango.

Tami

Quem é sábio? Aquele que pratica o que sabe.

Maomé

Pergunta 60
Você consegue trilhar o caminho da ação correta?

Todos os lampejos intuitivos do universo não podem nos poupar do fato de termos de colocá-los em prática na vida diária para colhermos os benefícios. Depois de nos libertar de mitos e de idéias limitantes que nos impedem de progredir, temos de voltar ao mundo no qual fomos criados e continuar. Pode soar como um balde de água fria, mas qual é o benefício de todo conhecimento espiritual, se não podemos usá-lo para melhorar nossa vida? Estamos atrás de sabedoria, e a sabedoria só vem com a experiência. Mas o que estamos tentando vivenciar? Sofrimento e privação em nome do eu superior? Não, embora possa parecer que sim, até pegarmos o jeito da coisa. O que estamos tentando vivenciar somos nós mesmos, pura e simplesmente. Não o eu que foi definido pelo ego, mas o eu consciente de ser parte da Grande Vida Única.

Nossa tarefa na vida — o trabalho a realizar — é expressar quem somos a cada instante. Nos dias bons, lembramos que somo parte do Um e expressamos essa noção em tudo o que fazemos como indivíduos. Essa é a ação correta. Nos dias mais frustrantes, vemo-nos como entidades separadas e agimos de acordo. Mas não se desespere, isso também é ação correta, pois é uma expressão verdadeira daquilo que somos no momento. E quando o sofrimento pelas conseqüências de estarmos separados da nossa fonte for insuportável, encontraremos nosso caminho de volta ao Único. Veja, então, que, se você for fiel a você mesmo, nada pode dar errado no final.

A Natureza conta conosco para expressar um talento ou propósito único que apenas se realiza por meio da nossa forma. Assim, somos ordenados pelo Divino a ser nós mesmos. Com isso como missão, qualquer coisa que nos dá prazer ou satisfação é a ação correta no momento. Se, no entanto, o que nos dá prazer causa dor a nós ou a outros, essa dor nos motiva a nos redefinir, até descobrirmos que, de maneira natural, nosso prazer é o prazer do Único. E nesse momento de harmonização com o Divino, encontramos iluminação — encontramos a nós mesmos.